Technology

Evolution

职业教育汽车类专

新能源汽车
电气系统构造与检修

胡振川　程彬　李霞　主编

首都经济贸易大学出版社
Capital University of Economics and Business Press
·北京·

图书在版编目（CIP）数据

新能源汽车电气系统构造与检修 / 胡振川，程彬，李霞主编. -- 北京：首都经济贸易大学出版社，2024.11. -- ISBN 978-7-5638-3719-9

Ⅰ.U469.707

中国国家版本馆CIP数据核字第20243UR070号

新能源汽车电气系统构造与检修
XINNENGYUAN QICHE DIANQI XITONG GOUZAO YU JIANXIU

主　编　胡振川　程　彬　李　霞

责任编辑	王　猛
封面设计	风得信·阿东 FondesyDesign
出版发行	首都经济贸易大学出版社
地　　址	北京市朝阳区红庙（邮编100026）
电　　话	(010) 65976483　65065761　65071505（传真）
网　　址	http://www.sjmcb.com
E- mail	publish@cueb.edu.cn
经　　销	全国新华书店
照　　排	北京砚祥志远激光照排技术有限公司
印　　刷	北京九州迅驰传媒文化有限公司
成品尺寸	185毫米×260毫米　1/16
字　　数	221千字
印　　张	11
版　　次	2024年11月第1版　2024年11月第1次印刷
书　　号	ISBN 978-7-5638-3719-9
定　　价	48.00元

图书印装若有质量问题，本社负责调换

版权所有　侵权必究

编委会

主　编：胡振川　程　彬　李　霞

副主编：吴少均　陈　刚　王代彬

参　编：余正平　肖兴春　张　军　吴晚秋
　　　　黄忠露　孙宗权　谢银平　卢　鑫

主　审：李　雷　杨发明

前言

新能源汽车产业是我国战略性新兴产业之一，也是汽车工业未来的发展方向。近年来，新能源革命正在加速推进，新能源汽车发展迅猛。《新能源汽车产业发展规划（2021—2035年）》指出，到2035年，新销售车辆要以电动汽车为主流，公共领域用车要实现全面电动化，燃料电池汽车要实现商业化应用，高度自动驾驶汽车要实现规模化应用，从而促进节能减排，提升社会运行效率。随着新能源汽车产业的不断发展，对新能源汽车的维护、使用、检测与维修等方面的专业技术人才的需求也将逐步扩大。

本书结合近年来新能源汽车的新技术、新成果、新标准和笔者教育教学中所取得的新经验，坚持以职业为导向，以提高学生的综合素质和就业能力为目标，以提高学生的实践技能为主线，努力适应产教融合、工学结合、教学做一体化的教学需要，教材设计力求项目导向、任务驱动，将新能源汽车的结构与原理、使用与维护、故障与诊断等内容有机融合。本书遵循学习规律，层层深入，以激发学生的学习兴趣，使理论紧密联系实际，并与现代新能源汽车技术同步发展。

全书分为6个项目14个任务，主要讲授新能源汽车电路识读、新能源汽车电源系统、新能源汽车充电系统、新能源汽车空调系统、新能源汽车电动助力转向系统、新能源汽车车载网络系统。

本书主要特点是任务引领、理实一体、内容丰富、实车为例、图文并茂、通俗易懂、实用性强。本书还配套了一系列的数字资源，使教材内容更加丰富。

由于编者的水平和时间所限，书中难免存在一些不足，恳请各位读者指正并提出宝贵意见，以便在修订时予以改正和完善。

目录

项目一　新能源汽车电路识读 ··· 1
　　任务一　电路图的基本组成和元件识别 ································· 2
　　任务二　吉利 EV450 电路图的识读方法 ································ 14

项目二　新能源汽车电源系统 ··· 25
　　任务一　动力电池管理系统（BMS）故障诊断与排除 ··············· 26
　　任务二　高压互锁线路故障诊断与排除 ································ 38

项目三　新能源汽车充电系统 ··· 51
　　任务一　交流充电 CC 信号故障诊断与排除 ·························· 52
　　任务二　交流充电 CP 信号故障诊断与排除 ·························· 64
　　任务三　OBC 模块线路故障诊断与排除 ······························ 75
　　任务四　MCU 唤醒线路故障诊断与排除 ······························ 86

项目四　新能源汽车空调系统 ··· 97
　　任务一　空调系统不制冷故障排除 ···································· 98
　　任务二　空调系统不制热故障排除 ···································· 111

项目五　新能源汽车电动助力转向系统 ································· 123
　　任务一　电动助力转向系统拆装 ······································ 124
　　任务二　电动助力转向系统检修 ······································ 134

项目六　新能源汽车车载网络系统 ………………………………………………… 143
　任务一　P-CAN 线路对地短路故障诊断与排除 ……………………………… 144
　任务二　P-CAN 线路与电源供电线短路故障诊断与排除 …………………… 156

参考文献 ………………………………………………………………………………… 167

项目一　新能源汽车电路识读

　　传统汽车电路原理图中的元素无非接插件、熔断器、继电器、导线、用电器等。新能源车的电路也一样，只是多了高压系统，低压系统则是一样的。

任务一　电路图的基本组成和元件识别

【案例引入】

一辆吉利 EV450 纯电动汽车进厂维修，这时通常需要通过查找各个车型的电路图来辅助进行故障检修。而新能源汽车电路图中的信息量很大，熟练掌握电路图的使用方法可以为学习电气系统的其他知识奠定基础。作为汽车维修人员，你了解新能源汽车的电路图吗？

【任务目标】

学习目标

1. 对电路元件进行正确识别
2. 正确利用电路图对汽车电路元件进行检修
3. 正确查找电路元件位置

素养目标

1. 能够在工作过程中与小组其他成员合作、交流，形成团队合作意识，锻炼沟通能力
2. 养成7S（整理、整顿、清扫、清洁、素养、安全和节约）的工作习惯
3. 养成服从管理、规范作业的良好工作习惯
4. 提高与时俱进、不断学习的意识
5. 培养爱国情怀，提升民族自豪感

【任务实施】

一、知识准备

汽车电路即汽车用电设备的通路，其根据用电设备的工作特性及相互间的关系用导线与车体连接成电流的通路，构成一个完整的供、用电系统。汽车电路一般由电源、用电设备、电子控制装置、导线和电路保护装置组成。

电源向汽车电气设备提供低压直流电，保证汽车在行驶中和停车时都能正常工作。传统汽车上一般装有两个电源，即蓄电池和发电机。

用电设备又称负载，包括电动机、电磁阀、灯泡、仪表、各种电子控制器件和部分传感器等。

除传统的各种手动开关、压力开关、温控开关外，现代汽车还大量使用电子控制器件，包括简单的电子模块（如电子式电压调节器等）和微电脑形式的电子控制单元（如发动机电控单元、自动变速器电控单元等）。电子控制器件和传统开关在电路上的主要区别是电子控制器件需要单独的工作电源并配用各种形式的传感器。

导线用于将上述装置连接起来构成电路。此外，汽车通常用车体代替部分从用电器返回电源的导线。

电路保护装置主要有熔断器（俗称保险丝）、电路断电器及易熔线等，它们的功能是在电路中流过超过规定的电流时切断电路，防止烧坏电路连接线和用电设备，并把故障限制在最小范围内。

汽车电路图就是采用国家、厂家标准规定的图形符号、文字符号和画法，对汽车电气系统的组成、工作原理及相互间的关系、安装位置等作出图解说明的电气文件。

因此，在汽车设计、制造、维修过程中，汽车电路图是不可缺少的技术资料和工具，尤其在汽车维修中，它更是能起到指导性作用，为故障的分析、排除提供便利。

二、实操前准备

（1）在进行故障检测前，判断周围环境是否干燥、有无灭火器材等。

（2）检测前做好安全防护准备工作（例如绝缘手套、护目镜、绝缘鞋等的检查与穿戴）。

（3）在进行电路图元件识别操作时，做好车辆高压系统的检查工作。

（4）使用绝缘电阻测试仪、万用表等，必须提前校正仪器的准确性。

（5）对检测所获得的数据，必须认真记录、准确计算、仔细分析，保证检测的准确性、快捷性。

三、工具准备

动力电池管理系统（BMS）故障检测与诊断工具准备清单如表1-1所示。

表 1-1 动力电池管理系统（BMS）故障检测与诊断工具准备清单

类型	名称	规格	图示	应用 （在什么时间什么步骤中使用）
防护工具	绝缘手套	绝缘		安全准备
	护目镜	绝缘		安全准备
	安全帽	绝缘		安全准备
检测工具	诊断仪	X431		实训操作
	万用表	优利德		
	示波器	优利德		
	兆欧表	FLUKE		

四、读图分析

（1）开始读图前必须先读电路图注，对照图注弄清楚各电器部件的数量及功用，找出每一个电器部件的电流通路。

（2）读图可以采用逐一分割法进行，也就是将各部分电路根据需要逐一摘除后，再进行必要的分析。

（3）对于庞大复杂的电路，为了防止线路交叉错乱并方便读图，在电路图下都标有"地址"码，在电路图中未连到所处位置的线头也标注有应到位置的对应"地址"码，只要两处地址码完全相同，即说明两处导线相连。

（4）找照明电路时，先找车灯控制开关、变光器、大灯、小灯及各种照明灯。照明灯电路一般接线规律是：小灯与大灯不同时亮，大灯的近光与远光不同时亮，仪表照明灯、尾灯等只有在夜间工作时才常亮。

（5）找仪表电路时，先找组合仪表、点火开关、仪表传感器及仪表电源稳压器。有些车辆仪表和指示灯共同显示一种参数（如充电、油压、油量及冷却液温度等），它的指示灯是闪烁的，由一个多谐振荡器控制，同时还有蜂鸣器报警。

（6）找信号控制电路时，由于信号装置属于随时使用的短暂工作的设备，一般应注意它接在经常有电的导线上且仅受一个开关控制，以避免影响信号的发出。

（7）找辅助装置控制电路时，应首先熟悉辅助装置的图形符号和有关控制开关及其功能，而后按照电源—熔断器—控制开关—用电设备的控制顺序进行。

总之，在查阅车辆电路时，一定先读懂某种车型的电路图，再遵循举一反三、触类旁通、对照比较的原则，去掌握其他车型电路的读图方法。

五、元件识别步骤

现代汽车电路图的种类繁多，车型不同会存在一定差别，但仍可根据其特点和用途划分为接线图、线束图、原理框图和原理图等类型。

（一）接线图

接线图是一种专门用来标记接线与连接器的实际位置、色码和线型等信息的指示图，又称敷线图，体现了汽车电气的实际情况。接线图专门用于检修时查寻线束走向、线路故障，并在线路复原时使用，并不涉及所连接器的工作原理及型号。接线图中的导线以接近于线束的形式从相应的连接点引出，便于维修时按线、按色查找线路故障，但不利于进行电路分析。

许多车型中所附的电气线路图都是接线图，因此掌握接线图的读图方法和分析方法，对线路故障的查寻会有很大帮助。接线图可以是整车电路的接线图，也可以是各系统的接线图，如图1-1所示。

与汽车接线图类似的还有汽车布线图，如图1-2所示。布线图主要表明的是线束与各电器的连接部位、接线柱的标记、插接器的形状和位置等，它是人们在汽车上能实际接触到的。这种汽车电路图一般不会详细描绘线束内部的线路走向，只对裸露在线束外的插头与插接器作详细编号或用字母标记。它是一种突出装配记号的电路表现形式，便于安装、配线、检测与维修。

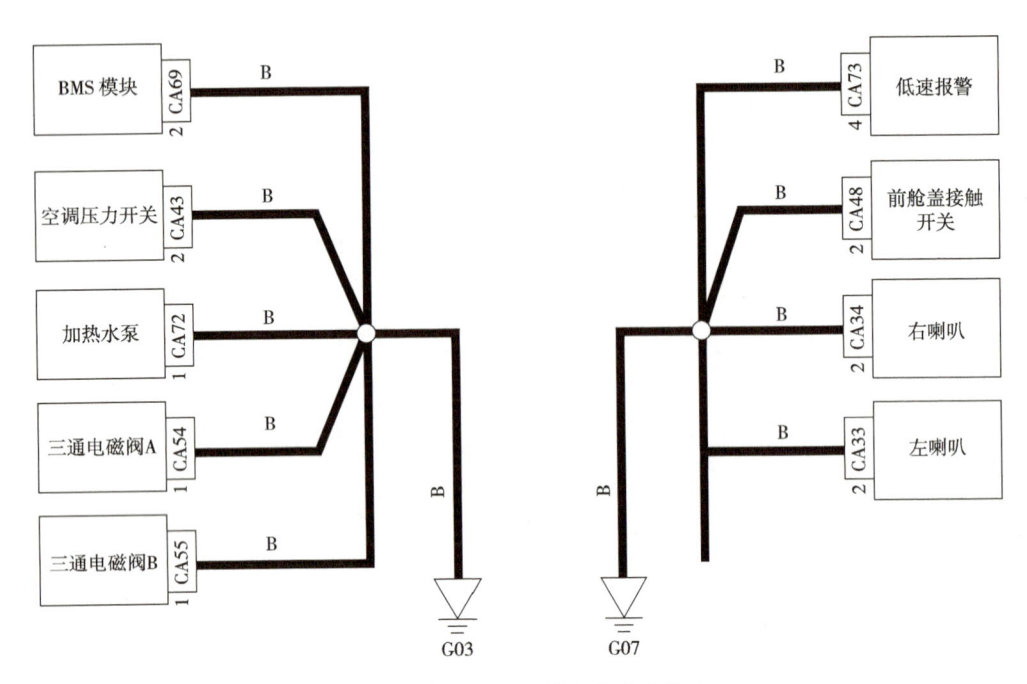

图 1-1　吉利 EV450 接地部分接线图

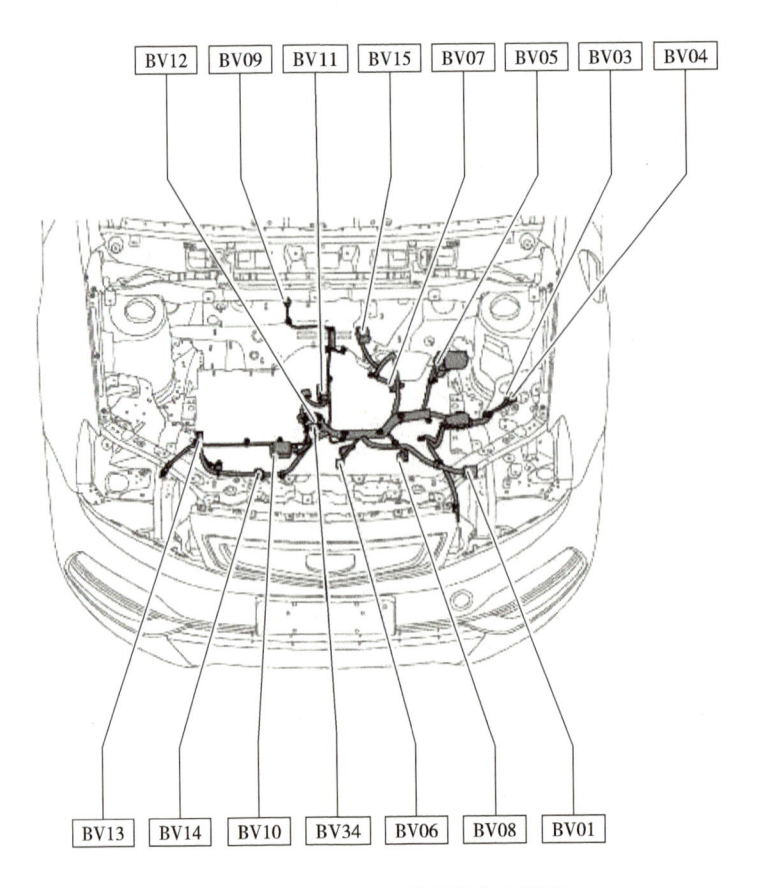

图 1-2　吉利 EV450 动力线束布线图

(二) 线束图

线束图属于安装图，是根据电气设备在汽车上的实际安装位置、线束分段及各分支导线端口的具体连接情况绘制的电路图。线束图注重表达的是已制成的线束外形，组成线束的各导线的规格大小、长度和颜色，突出接线端的序号及各分支端口所连接的电气设备的名称等，便于安装、配线、检测与维修。线束图与布线图相似，但更加简洁明了，接近实际，对使用、维修人员而言实用性更强，如图1-3所示。

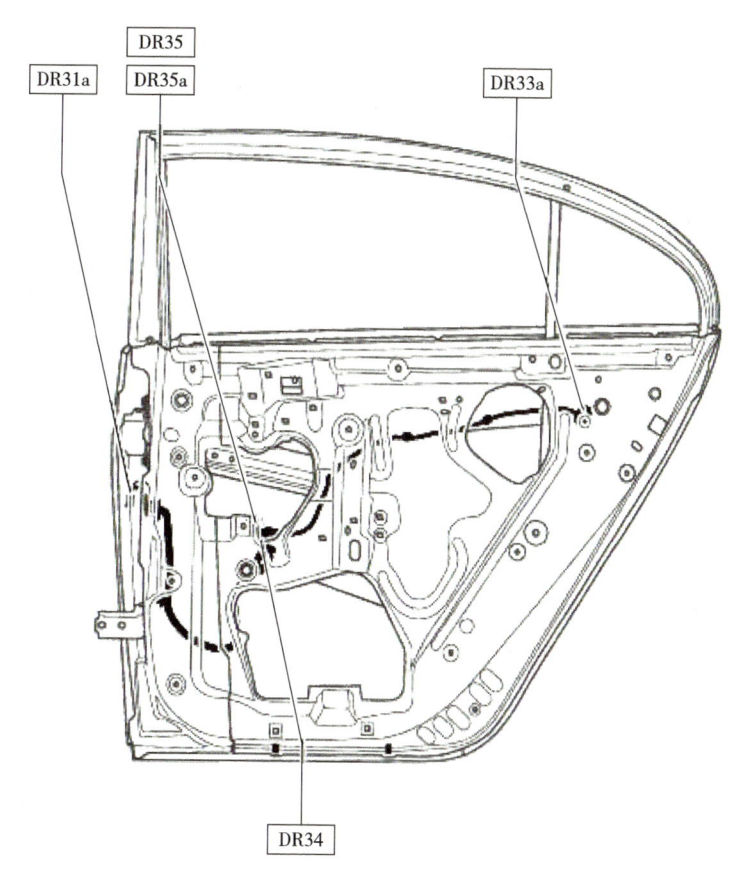

图1-3 汽车线束与元件位置分布图

(三) 原理框图

汽车电气原理框图是表示汽车电气系统及其分系统、装置、部件中各项目的基本组成和相互关系的简图，如图1-4所示。一般采用方框和连线来表示比较复杂的电子电路工作原理和构成概况，将电路按照功能划分为几部分，每一个部分用方框来描绘，在方框中用文字简单说明，用连线来表明各方框之间的联系。这能直观地表达一个功能方块在电路中的作用。

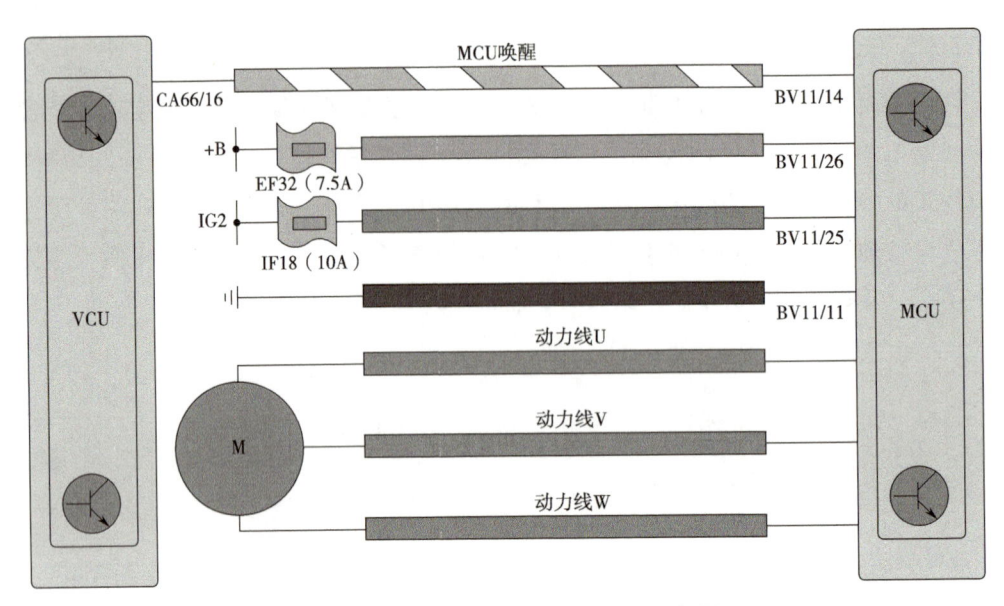

图1-4 吉利EV450电机控制器原理框图

（四）原理图

汽车电气原理图是最常用的电路图，用规定的汽车电气图形符号、文字符号，按工作特点或功能布局绘制，用来表明电气设备的工作原理及各电器元件的作用，以及它们之间的关系。它可以是各系统的电路原理图（此时多为详图），例如，图1-5即为吉利EV450冷却系统原理图。汽车电气原理图一般由主电路、控制电路、保护及配电电路等部分组成，电流走向清晰，线路布局合理，各系统与元件是依据工作原理与互相的关联来布局的，各系统相对独立，简洁清楚，便于识读，为分析、查找、排除故障提供了依据。

六、汽车电路图形符号

汽车上的用电设备数量较多，用电器元件的结构图来表示汽车电路会非常复杂，因此，通常用符号表示电器元件，并用导线将电器元件按照一定的规律连接起来，由此构成汽车的电路图。

汽车电路中常用的图形符号有电路图形符号和仪表、开关、指示灯标志图形符号。所有汽车电路图均是由线条、图形符号和文字表示的，它们遵循一定的规则，但各种车型因产地和厂家不同，会采用一些特定记号。学习和掌握汽车电路的基本标注方法，有助于正确判别接点标记、线型（规格截面）及色码标志等代码信息。

具体的电路图形符号和仪表、开关、指示灯标志图形符号的含义可参阅厂家维修资料，以下列举一部分广泛应用的汽车电路图形符号，如表1-2所示。

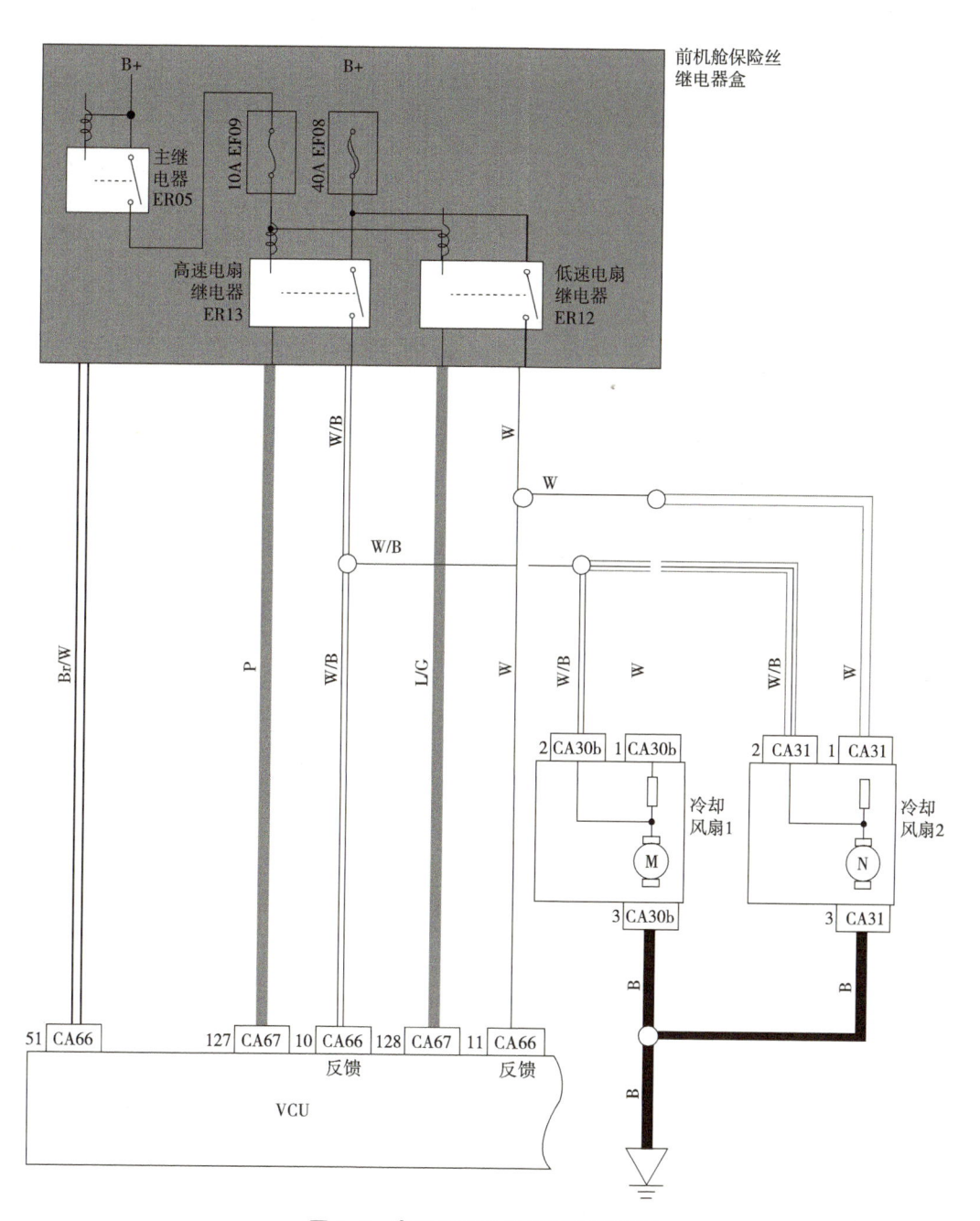

图 1-5 吉利 EV450 冷却系统原理图

表 1-2 常用基本符号

符号	名称	符号	名称	符号	名称
⏚ G7	接地		常闭继电器		蓄电池

续表

符号	名称	符号	名称	符号	名称
	温度传感器		常开继电器		电容
	短接片		双掷继电器		点烟器
	电磁阀		电阻		天线
	小负载保险丝		电位计		常开开关
	中负载保险丝		可变电阻器		常闭开关
	大负载保险丝		点火线圈		双掷开关

七、填写工单

电路图的基本组成和元件识别任务工单如表1-3所示。

表1-3 电路图的基本组成和元件识别任务工单

| 电路图的基本组成和元件识别 | 工作任务单 | 班级： |
| | | 姓名： |

1. 学习任务

一辆吉利EV450纯电动汽车进厂维修，这时通常需要通过查找各个车型的电路图来辅助进行故障检修。而新能源汽车电路图中的信息量很大，熟练掌握电路图的使用方法可以为学习电气系统的其他知识奠定基础。作为汽车维修人员，你了解新能源汽车的电路图吗？

任务		自测标准	学习建议
资料准备	防护装备	车内外三件套	工欲善其事，必先利其器。完成学习任务的第一步是熟悉并掌握新能源汽车维护相关的工具设备，做好准备工作
	实训车辆	实训车辆等	
	工具设备	防护工具、绝缘工具等	
	辅助资料	汽车维修手册、教材	

续表

实施步骤	读图分析	弄清楚各电器部件的数量及功用，找出每一个电器部件的电流通路	许多车型中所附的电气线路图都是接线图，因此掌握接线图的读图方法和分析方法，对线路故障的查寻会有很大帮助。接线图可以是整车电路的接线图，也可以是各系统的接线图
	元件识别	根据其特点和用途划分为接线图、线束图、原理框图和原理图等类型	

2. 学习笔记

（1）吉利 EV450 汽车电路图形符号。

（2）吉利 EV450 接线图的特点。

（3）如何识读吉利 EV450 原理图。

八、任务评价

电路图的基本组成和元件识别任务综合能力评价表如表 1-4 所示。

表 1-4　电路图的基本组成和元件识别任务综合能力评价表

	学习任务名称		学习时间			
	班级		学习团队			
	评价指标	评价情况	否定结果原因	自评	互评	师评
1	学习态度	□优秀 □良好 □一般 □差				
2	知识学习	□优 □良 □中 □差				
3	技能学习	□优 □良 □中 □差				
4	流程编制	□优化 □合理 □一般 □不合理				
5	程序编制	□优化 □合理 □一般 □不合理				
6	完成时间	□提前 □准时 □延后 □未完成				

续表

评价指标		评价情况				否定结果原因	自评	互评	师评
7	测验质量	□合格	□不良	□返修	□报废				
8	成果展示	□清晰流畅	□需要补充	□不清晰流畅					
9	操作方法	□正确	□部分正确	□不正确					
10	安全规范	□很好	□好	□较好	□不好				
11	7S管理	□很好	□好	□较好	□不好				
12	分工协作	□很好	□好	□较好	□不好				
13	沟通交流	□很好	□好	□较好	□不好				
14	问题解决	□及时	□较及时	□不及时					
15	创新精神	□优秀	□良好	□一般	□不足				
16	规划掌控	□很好	□好	□较好	□不好				

| 学习任务完成自评总结（团队） | | 亮点优点 | |
| | | 缺点不足 | |

| 团队评价 | 团队自评 | □优 □良 □中 □差 | 团队互评 | □优 □良 □中 □差 |

学生个人评价

姓名	项目															
	1	2	3	4	5	6	7	8	9	10	11	12	13	14	15	16

| 审定意见 | 学习组长 年 月 日 | 指导教师 年 月 日 | 教研组长 年 月 日 |

九、拓展学习

(一) 学习感想交流

当前，无论是中国市场还是全球市场，新能源汽车都处于高增长阶段。中国新能源汽车行业正处于发展期，未来市场环境对企业会越来越友好，市场规模也会不断扩大，最终实现新的平衡。

随着新能源汽车国家补贴的退出，以特斯拉、问界、小鹏和广汽丰田为代表的车企纷纷下调产品售价，有分析认为降价背后的原因是新能源汽车需求疲软，企业将迎来承压期。国家补贴政策逐步退出虽在一定程度上会形成干扰，但同时也是一个促进因素。

将你的感想分享给老师和同学吧！

（二）课后作业

（1）进行下一任务吉利EV450电路图的识读方法学习信息收集与筛选以及资源的准备。

（2）进行下一任务吉利EV450电路图的识读方法学习设备与工具的准备。

任务二　吉利 EV450 电路图的识读方法

【案例引入】

一辆吉利 EV450 电动汽车进厂维修，维修技师翻阅电路图好几遍也没有找到需要的内容，急得满头大汗。不同品牌的新能源汽车，其电路图的识读方式不尽相同。大众汽车电路图的特点是采用"纵向排列式画法"，所有线路不交叉；而大部分国产品牌汽车的线路图则是按照功能系统来设置的，让人一目了然。可见，掌握不同品牌新能源汽车电路图的识读方法至关重要。主管把检修的任务安排给你，你能完成这个任务吗？

【任务目标】

学习目标

1. 正确查阅电路图
2. 有效利用电路图进行检修
3. 正确运用万用表、示波器、诊断仪等常见设备
4. 对线路原理图进行准确识读和分析
5. 具备学习新标准、新政策的能力

素养目标

1. 能够在工作过程中与小组其他成员合作、交流，形成团队合作意识，锻炼沟通能力
2. 养成 7S 的工作习惯
3. 养成服从管理、规范作业的良好工作习惯
4. 提高与时俱进、不断学习的意识
5. 增强诚信意识

【任务实施】

一、知识准备

汽车电路原理图是专业性较强的电路文件。想要快速、准确地读懂汽车电路原理图，就要很好地把握汽车电路的表达方式，理解电路的组成结构，熟悉电路的配线规律，分清电路图的组成部分，掌握读图的技巧与方法。

下面介绍汽车电路图的识读原则和方法。

（一）善于化整为零

一个完整的电路图很复杂，一般情况下，依据化整为零的原则，可以有重点地分

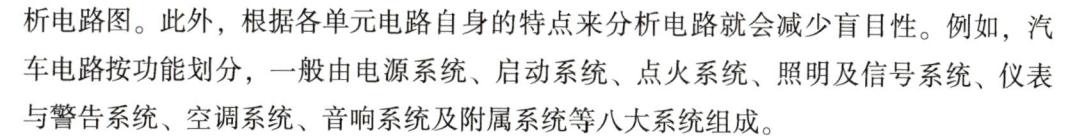

析电路图。此外，根据各单元电路自身的特点来分析电路就会减少盲目性。例如，汽车电路按功能划分，一般由电源系统、启动系统、点火系统、照明及信号系统、仪表与警告系统、空调系统、音响系统及附属系统等八大系统组成。

（二）仔细阅读图注

对照图注，熟悉元件的名称、位置、在全车电路中的数量、接线数量，了解哪些是常见元件，哪些是新颖、独特、复杂的元件。

（三）熟悉电器元件及配线

清楚了解电路所包含的电器设备种类，在分析某个电路系统时，要知道该电路中所包含的各部件的功能、作用和技术参数等。汽车的线路如同人的神经一样分布在各个区域，而线路中的配线插接器、接线盒、继电器、搭铁点等如同神经的节点。因此，熟悉这些电器元件在电路图中的表示符号、位置、连接方式及内部电路对识读汽车电路图会有很大的帮助，要正确判断接点标记、线型和色码标志。需要指出的是，标记颜色的字母因国别而异，美国、日本和中国采用英文字母，德国采用德文字母。

（四）注意开关和继电器

开关是控制电路通断的关键，通常根据操纵开关的功能及不同工作状态来分析电路的工作原理。汽车电路中经常采用各种继电器对一些复杂电路进行控制。

例如，点火系统供电电路的点火开关应处于点火挡或启动挡。在标准画法的电路图中，开关总是处于零位，即开关处于断开状态；电子开关的状态则视具体情形而定。这里所说的电子开关主要包括晶体管、晶闸管等具有开关特性的电子元件。

在一些复杂控制电路中，一个主开关往往汇集许多导线，分析汽车电路时应注意以下几方面的问题：

蓄电池（或发电机）的电流是通过什么路径到达这个开关的熔断器的？这个开关是手动还是电控的？

这个开关控制哪些电器？每个被控用电器的作用是什么？

开关的许多接线柱中，哪些是直通电源的？哪些是接用电器的？接线柱旁是否有接线符号？这些符号是否常见？

开关共有几个挡位？在每挡中哪些接线柱有电？哪些无电？

在被控的用电器中，哪些电器应经常接通？哪些应短暂接通？哪些应先接通？哪些应后接通？哪些应单独工作？哪些应同时工作？哪些用电器不允许同时接通？

（五）分清控制电路和工作电路

识读电路图时，可把含有线圈和触点的继电器看作由线圈工作的控制电路和由触

点工作的主电路两部分。主电路中的触点只在线圈电路中有工作电流流过后才能动作。

(六) 牢记回路

识读电路图时,应掌握牢记回路原则,即电路中工作电流由电源正极流出,经用电设备后流回电源负极。电路中,只有电流流过用电设备时用电设备才能工作,所以可通过查看电源线和搭铁线,了解一个电路的基本构成,根据回路原则查看哪些元件共用一根线,找出电路的内在联系和规律。

(七) 抓住汽车电路的主干线

汽车电路有单线制、电器相互并联、负极搭铁的共性,再加上某些电器开关在电路中的控制作用,一般可分成几条主干线,在每条主干线上都接有相应的支路熔断器及支路用电器。因此,抓住这几条主干线,对于查找电路常有事半功倍的效果。

二、实操前准备

(1) 在进行故障检测前,判断周围环境是否干燥、有无灭火器材等。

(2) 检测前做好安全防护准备工作(例如绝缘手套、护目镜、绝缘鞋等的检查与穿戴)。

(3) 在进行电路图元件识别操作时,做好车辆高压系统的检查工作。

(4) 使用绝缘电阻测试仪、万用表等,必须提前校正仪器的准确性。

(5) 对检测所获得的数据,必须认真记录、准确计算、仔细分析,保证检测的准确性、快捷性。

三、工具准备

高压互锁线路故障检测与诊断工具准备清单如表1-5所示。

表1-5 高压互锁线路故障检测与诊断工具准备清单

类型	名称	规格	图示	应用
防护工具	绝缘手套	绝缘		安全准备
	护目镜	绝缘		安全准备
	安全帽	绝缘		安全准备

续表

类型	名称	规格	图示	应用
检测工具	诊断仪	X431		实训操作
	万用表	优利德		
	示波器	优利德		
	兆欧表	FLUKE		

四、读图分析

（一）汽车电路的表达方法

1. 由集中到分散

汽车电路的特点之一就是采用并联单线制的接法，这意味着局部电路之间相互独立（各系独立）。因此，读图的第一步就是将局部电路从全车电路中分离出来。

2. 汽车电路配线的基本规律

汽车电器线束连接三大中心，分别为中央配线盒、仪表接线盒和开关。中央配线盒（熔断器与继电器盒）是所有电器的电源接线源头。仪表接线盒是几乎所有电器的电源接线终点。开关不仅是线束的中心，还是各局部电路的控制核心，开关的功能反映了局部电路的主要功能。总之，电路分析要抓住开关的核心作用。

3. 控制对象的回路

电路读图的目的是找出正确的回路，确定回路中的导线、插座、熔断器、继电器及各种元件，从而分析故障点。控制对象的回路电流由正极到负极，由电源到搭铁点；规范的汽车电路原理图自上而下。因此，对继电器电路，要分别分析控制回路和开关回路。

五、电路识别步骤

（1）根据吉利 EV450 电路图目录，找到需要查找的电路图的大致范围，如接地点布置、电源分布或系统电路图，所查目录如图 1-6 所示。

目录	1
13.1 电路图识读说明	2
13.2 图标符号	6
13.3 诊断和维修方法说明	8
13.4 保险丝、继电器	15
13.5 线束及其连接器布置	22
13.6 接地点布置	71
13.7 电源分布图	88
13.8 系统电路图	102
13.9 缩略语	280

图 1-6　吉利 EV450 电路图目录

（2）对查找到的系统电路图中的数字编号、插接器代号、线束颜色等信息进行精确分析，如图 1-7 所示。图 1-7 中线束代码 CA 代表发动机舱线束，BV 表示动力线束，IP 表示仪表线束，SO 表示底板线束，DR 表示门线束，RF 表示顶棚线束。需要注意的是，门线束定义包括四个车门线束，两厢车的后背门线束并入底板线束定义，三厢车的行李箱线束、后雾灯线束并入底板线束定义。HVAC 总成自带线束定义为 IPXX，并在线束布置图中进行标注。线束连接器编号详细参见线束布置图。部件名称、插头间连接采用细实线表示，并用灰色阴影覆盖，以与物理线束进行区别。物理线束用粗实线表示，颜色与实际导线颜色一致。其中，B 代表黑色，Gr 代表灰色，Br 代表棕色，L 代表蓝色，G 代表绿色，R 代表红色，Y 代表黄色，O 代表橙色，W 代表白色，V 代表紫色，P 代表粉色，Lg 代表浅绿色，C 代表浅蓝色。

（3）进行电路图识别并进行原因分析。根据子系统电路图对故障部件从电源到接地的整个电路进行分析、判断，确定维修操作方案。如果无法确定维修操作方案，参考维修手册中的说明与操作中对该系统的描述，了解其工作原理。同时需要检测与故障电路公用的其他电路，如在电路图上参考与保险丝、接地、开关等公用的系统电路。如果公用电路中的其他部件工作正常，则故障在本身电路上。如果公用电路上的部件都有故障，则可能是保险丝或接地有故障。

① 查找接插件的端子编号，注意相互插接的线束连接器端子编号顺序互为镜像，如图 1-8 所示。

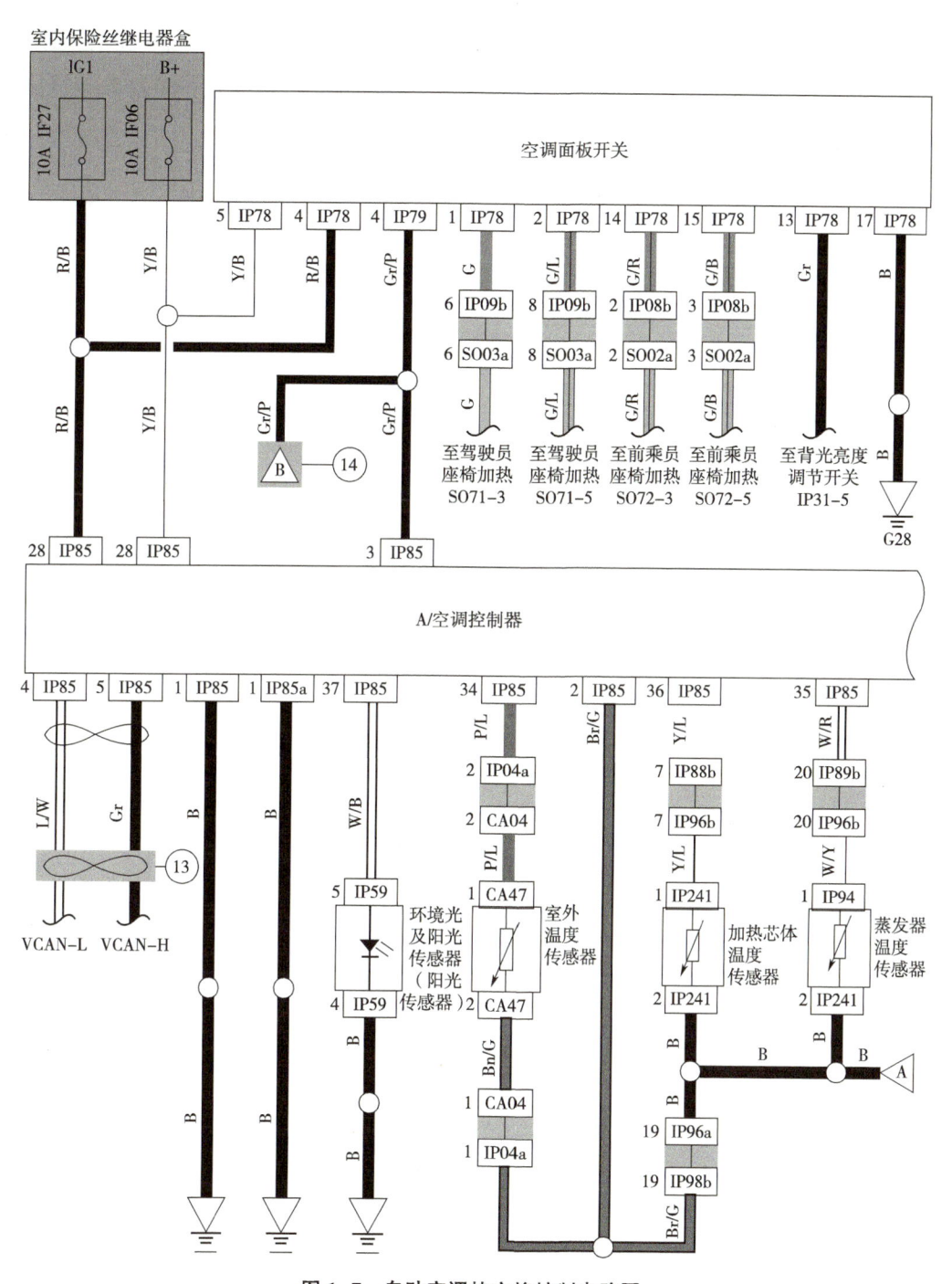

图 1-7 自动空调热交换控制电路图

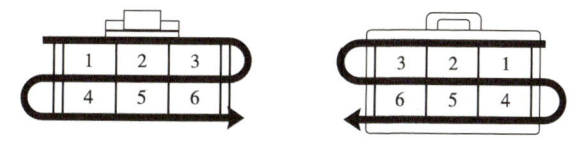

图 1-8 连接器连接线束端子顺序图

②插接器的断开与连接。不同插接器的断开与连接的方式不尽相同。在断开连接器时，应拔连接器，不要拔连接器的线束；在断开连接器时，应先确认是哪种连接器，如图1-9所示。

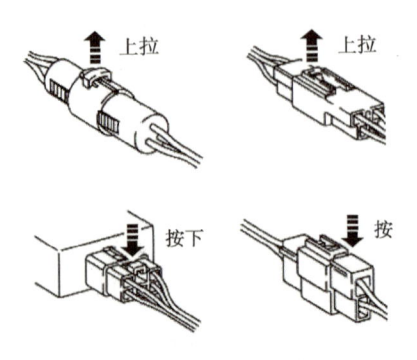

图1-9 插接器插拔类型

③接地不良的处理流程。首先，拆卸接地点螺栓，用粗砂布清洁线束侧接地铜环的两个接触表面（包括与车身侧及与螺栓侧），直到氧化物被完全清洁干净。用粗砂布清洁车身侧接地点，直到表面被完全清洁干净。最后，重新安装接地点螺栓和线束，并按规定力矩扭紧，如图1-10所示。

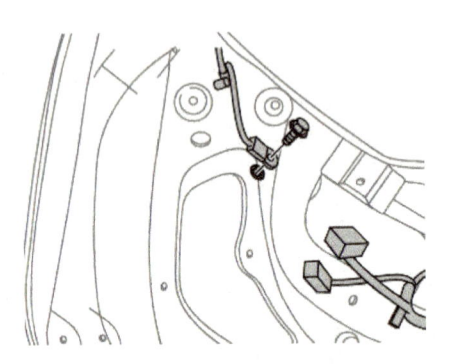

图1-10 接地端子的拆装

（4）电路及部件的检查。任何时候电路图都应该结合维修手册使用，参考维修手册中对电路及部件的检查流程。对于有模块控制的电路，应该充分结合诊断测试仪对部件进行测试，有效的故障诊断应该是具有逻辑性的合理操作过程。充分结合维修手册中的故障诊断流程，从可能性最大的原因和最容易检查的部件开始检查。

（5）故障维修。发现故障，参考电路图及维修手册中对故障处理方法的描述，例如接地不良时的处理流程，线束接头的处理方法，等等。

（6）确认电路工作状态。维修结束后，确认故障已经排除，应该重新检测所有功能是否已经恢复正常。如果属于保险丝熔断故障，则应该对所有共用该保险丝的电路进行检测。

六、填写工单

吉利 EV450 电路图的识读方法任务工单如表 1-6 所示。

表 1-6 吉利 EV450 电路图的识读方法任务工单

吉利 EV450 电路图的识读方法	工作任务单	班级：
		姓名：

1. 学习任务
一辆吉利 EV450 电动汽车进厂报修，维修技师翻阅电路图好几遍也没有找到需要的内容，急得满头大汗。不同品牌的新能源汽车，其电路图的识读方式也不尽相同。大众汽车电路图的特点是采用"纵向排列式画法"，所有线路不交叉；而大部分国产品牌汽车的线路图是按照功能系统来设置的，让人一目了然。可见，掌握不同品牌新能源汽车电路图的识读方法至关重要。主管把检修的任务安排给你，你能完成这个任务吗？

任务		自测标准	学习建议
资料准备	防护装备	车内外三件套	工欲善其事，必先利其器。完成学习任务的第一步是熟悉并掌握新能源汽车维护相关的工具设备，做好准备工作
	实训车辆	实训车辆等	
	工具设备	防护工具、绝缘工具等	
	辅助资料	汽车维修手册、教材	
实施步骤	查找目录	查找电路图的大致范围，如接地点布置、电源分布或系统电路图	任何时候电路图都应该结合维修手册使用，参考维修手册中对电路及部件的检查流程。对于有模块控制的电路，应该充分结合诊断测试仪对部件进行测试，有效的故障诊断应该是具有逻辑性的合理操作过程
	查找电路图其他信息	查找系统电路图中的数字编号、插接器代号、线束颜色等信息	
	电路图识别	进行电路图识别并进行原因分析	

2. 学习笔记
（1）汽车电路图的识读原则和方法。
（2）汽车电路的表达方法。
（3）电路识别的步骤。

七、任务评价

吉利 EV450 电路图的识读任务综合能力评价表如表 1-7 所示。

表1-7 吉利EV450电路图的识读任务综合能力评价表

学习任务名称			学习时间			
班级			学习团队			
评价指标		评价情况	否定结果原因	自评	互评	师评
1	学习态度	□优秀 □良好 □一般 □差				
2	知识学习	□优 □良 □中 □差				
3	技能学习	□优 □良 □中 □差				
4	流程编制	□优化 □合理 □一般 □不合理				
5	程序编制	□优化 □合理 □一般 □不合理				
6	完成时间	□提前 □准时 □延后 □未完成				
7	测验质量	□合格 □不良 □返修 □报废				
8	成果展示	□清晰流畅 □需要补充 □不清晰流畅				
9	操作方法	□正确 □部分正确 □不正确				
10	安全规范	□很好 □好 □较好 □不好				
11	7S管理	□很好 □好 □较好 □不好				
12	分工协作	□很好 □好 □较好 □不好				
13	沟通交流	□很好 □好 □较好 □不好				
14	问题解决	□及时 □较及时 □不及时				
15	创新精神	□优秀 □良好 □一般 □不足				
16	规划掌控	□很好 □好 □较好 □不好				

学习任务完成自评总结（团队）		亮点优点	
		缺点不足	

团队评价	团队自评	□优 □良 □中 □差	团队互评	□优 □良 □中 □差

学生个人评价	姓名	项目															
		1	2	3	4	5	6	7	8	9	10	11	12	13	14	15	16

审定意见	学习组长 年 月 日	指导教师 年 月 日	教研组长 年 月 日

八、拓展学习

(一) 学习感想交流

当前,吉利新能源汽车的销量呈现出逐步上升的趋势。随着吉利在新能源领域的不断投入和产品的不断推出,其市场份额逐渐扩大。特别是吉利银河系列推出后,受到了市场的关注和认可,为吉利新能源汽车的发展带来了新的机遇。

吉利汽车将新能源汽车作为未来发展的重点方向,不断加大在研发、生产和销售等方面的投入。通过推出新的品牌和车型,以及加强与国内外企业的合作,吉利希望在新能源汽车市场取得更大的突破。

将你的感想分享给老师和同学吧!

(二) 课后作业

(1) 进行下一任务动力电池管理系统(BMS)故障诊断与排除学习信息收集与筛选以及资源的准备。

(2) 进行下一任务动力电池管理系统(BMS)故障诊断与排除学习设备和工具的准备。

项目二　新能源汽车电源系统

　　传统汽车电路原理图中的元素无非接插件、熔断器、继电器、导线、用电器等。新能源车的电路也一样,只是多了高压系统,低压系统则是一样的。

任务一 动力电池管理系统（BMS）故障诊断与排除

【案例引入】

一辆吉利 EV450 电动汽车无法正常行驶，打开点火开关，高压不上电，READY 灯不亮，请在约定时间内对车辆进行诊断与维修，并给车主提出用车建议。

【任务目标】

学习目标
1. 正确运用万用表、示波器、诊断仪等常见设备
2. 对线路原理图进行准确识读和分析
3. 对常见充电故障进行诊断与排除
4. 具备学习新标准、新政策的能力

素养目标
1. 能够在工作过程中与小组其他成员合作、交流，形成团队合作意识，锻炼沟通能力
2. 养成 7S 的工作习惯
3. 养成服从管理、规范作业的良好工作习惯
4. 提高与时俱进、不断学习的意识
5. 培养爱国情怀，提升民族自豪感

【任务实施】

一、知识准备

（一）结构组成

动力蓄电池是电动汽车的动力来源，它为整车驱动和其他用电器提供电能，图 2-1 所示为动力蓄电池组成结构。

（二）基本参数

蓄电池容量：150（1C）Ah。

数量：17 组。

单体蓄电池数量：95 个。

图 2-1 动力蓄电池组成结构

充电截止电压：4.3 V。

额定电压：346 V。

单体蓄电池标称电压：3.65 V。

放电截止电压：2.8 V。

额定功率：50 kW。

放电截止电压：266 V。

(三) 功能原理

BMS 的主要功能有充放电管理、继电器控制、功率控制、蓄电池异常状态报警和保护、SOC/SOH[①] 计算、自检以及通信功能等。

从 BMS 线路原理图 (见图 2-2) 可以看出，单元电源由两路供给：一路由辅助蓄电池正极通过熔断器 EFO1 (10A) 给单元端子 CA69/1 提供常电，通过单元端子 CA69/2 搭铁，构成回路；一路由 IC2 继电器通过熔断器 IF18 (10A) 给单元 CA69/7 端子提供点火开关电源，通过单元端子 CA69/2 搭铁，构成回路。

由于新能源整车控制电源在设计时就有特殊需求，即 BMS 要参与点火开关打开后的工作及通信，还要满足车辆在点火开关关闭、充电时的 BMS 工作及通信需求，所以 BMS 的+B 电源作用就是保证在这两个状态下 BMS 能正常启动及通信。如果此+B 电源出现故障，将导致 BMS 启动及通信失败，使整车高压上电失败。

BMS 的 IG (点火) 电源，在此车辆上主要作为 BMS 的唤醒信号，和控制器局域网 (CAN) 总线唤醒为冗余关系，同时还作为 BMS 低压下电后启动休眠模式的时间参考信号。如果此电源出现故障，BMS 通过 P-CAN 接收和判别点火开关状态，同时利用+B 电源作为功率电源供电。

---

① SOC (State of Charge，剩余电量占额定容量的百分比)；SOH (State of Health，电池当前最大容量与出厂时最大容量的百分比)。

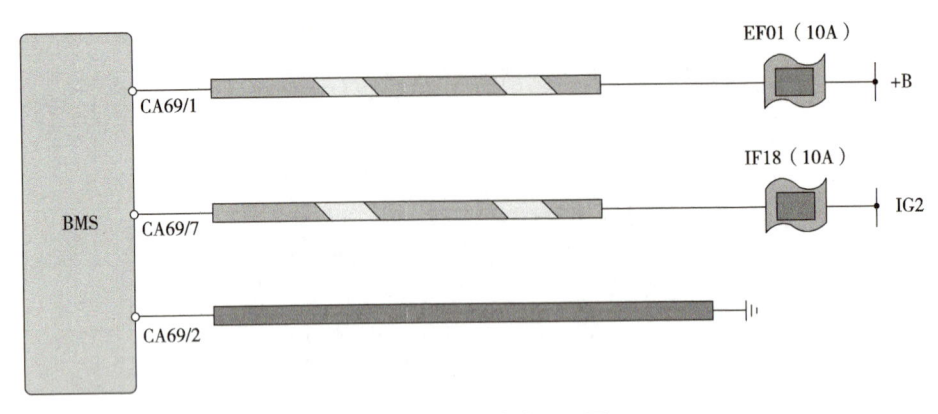

图 2-2　BMS 线路原理图

二、故障诊断前准备

（1）在进行故障检测前，判断周围环境是否干燥、有无灭火器材等。

（2）检测前做好安全防护准备工作（例如绝缘手套、护目镜、绝缘鞋等的检查与穿戴）。

（3）在进行动力电池管理系统（BMS）故障的诊断与排除操作时，做好车辆充电系统的检查工作。

（4）使用绝缘电阻测试仪、万用表等，必须提前校正仪器的准确性。

（5）对检测所获得的数据，必须认真记录、准确计算、仔细分析，保证检测的准确性、快捷性。

三、工具准备

动力电池管理系统（BMS）故障检测与诊断工具准备清单如表 2-1 所示。

表 2-1　动力电池管理系统（BMS）故障检测与诊断工具准备清单

类型	名称	规格	图示	应用
防护工具	绝缘手套	绝缘		安全准备
	护目镜	绝缘		安全准备
	安全帽	绝缘		安全准备

续表

类型	名称	规格	图示	应用
检测工具	诊断仪	X431		实训操作
	万用表	优利德		
	示波器	优利德		
	兆欧表	FLUKE		

四、故障分析

图 2-3 所示为 BMS 线路原理图，结合 BMS 结构与工作原理可知，BMS 主要由电源线路、通信线路和快充线路组成。

BMS 及动力蓄电池组作为车辆运行的能量储备及输送单元，其安全监测和故障处理机制条件非常高。因此，在车辆准备启动及正常运行时，BMS 是决定车辆高压是否上电的主要条件之一。如果 BMS 出现故障，将造成整车其他控制单元无法获知蓄电池电量，同时 BMS 无法获知高压系统连接的完整性、其他高压系统的绝缘状态、车辆准备状态以及车辆运行状态（行驶、充电），造成 BMS 无法控制内部主正、主负、预充继电器的动作，致使高压不上电，同时车辆行驶及其他辅助功能也将受限。

动力蓄电池内部温度、单体蓄电池电压、蓄电池组电流是衡量蓄电池组健康的主要因素，单体温度、单体电压和蓄电池组电流由数据采集单元采集并监控，同时数据采集单元还对蓄电池组单体蓄电池电压进行均衡，使所有单体蓄电池电压保持一致性。如果系统出现故障，BMS 有可能启动保护功能，导致输出电量受限，为了蓄电池以及车辆安全，严重时将中断整车高压上电。

BMS 常见的故障现象是车辆上电失败或输出功率受限，成因主要包括：

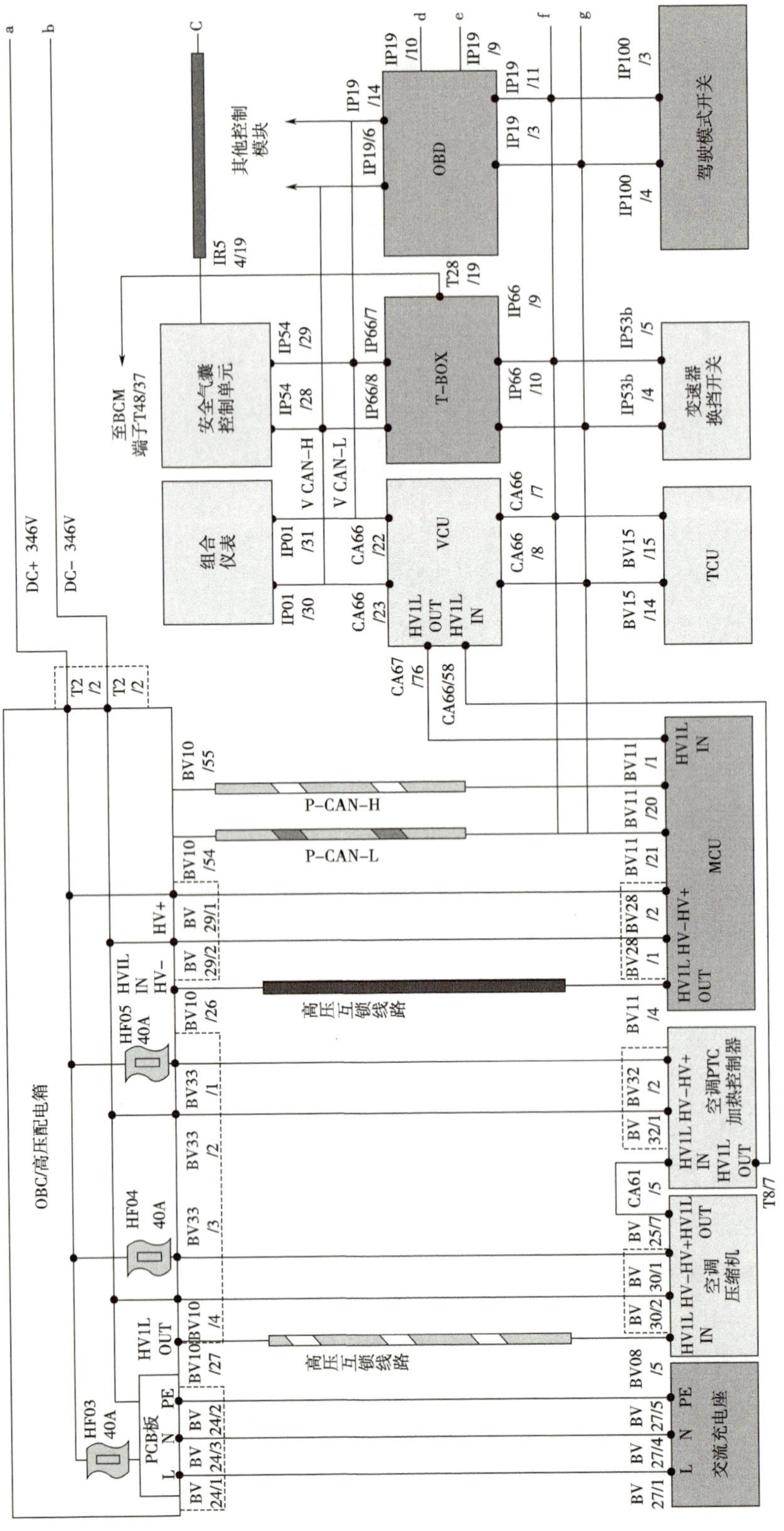
a
b
C
d
e
f
g
DC+ 346V
DC− 346V
OBC/高压配电箱
T2 /2
T2 /2
BV10 /55
BV10 /54
P-CAN-H
P-CAN-L
HV+
HV1L IN HV−
BV 29/1
BV 29/2
BV10 /26
高压互锁线路
HF05 40A
BV33 /1
BV33 /2
BV33 /3
HF04 40A
HV1L OUT
BV10 /4
BV10 /27
HF03 40A
PCB板
L N PE
BV 24/1
BV 24/3
BV 24/2
组合仪表
IP01 /30
IP01 /31
V CAN-H
V CAN-L
CA66 /23
CA66 /22
VCU
HV1L OUT
HV1L IN
CA66 /7
CA66 /8
CA67 /76
CA66/58
安全气囊控制单元
IP54 /29
IP54 /28
至BCM端子T48/37
IR5 4/19
其他控制模块
IP66/7
IP66/8
T-BOX
T28 /19
IP66 /9
IP66 /10
IP19 /14
IP19/6
OBD
IP19 /10
IP19 /9
IP19 /11
IP19 /3
IP100 /3
IP100 /4
驾驶模式开关
IP53b /5
IP53b /4
变速器换挡开关
BV15 /15
BV15 /14
TCU
BV11 /1
BV11 /20
BV11 /21
BV28 /2
BV28 /1
BV11 /4
HV1L IN
MCU
HV1L HV− HV+ OUT
BV32 /2
BV 32/1
空调PTC加热控制器
HV1L HV− HV+ IN
HV1L OUT
T8/7
CA61 /5
BV 25/7
BV 30/1
BV 30/2
HV1L HV− HV+ HV1L IN OUT
空调压缩机
高压互锁线路
BV08 /5
BV 27/1
BV 27/4
BV 27/5
L N PE
交流充电座

项目二　新能源汽车电源系统

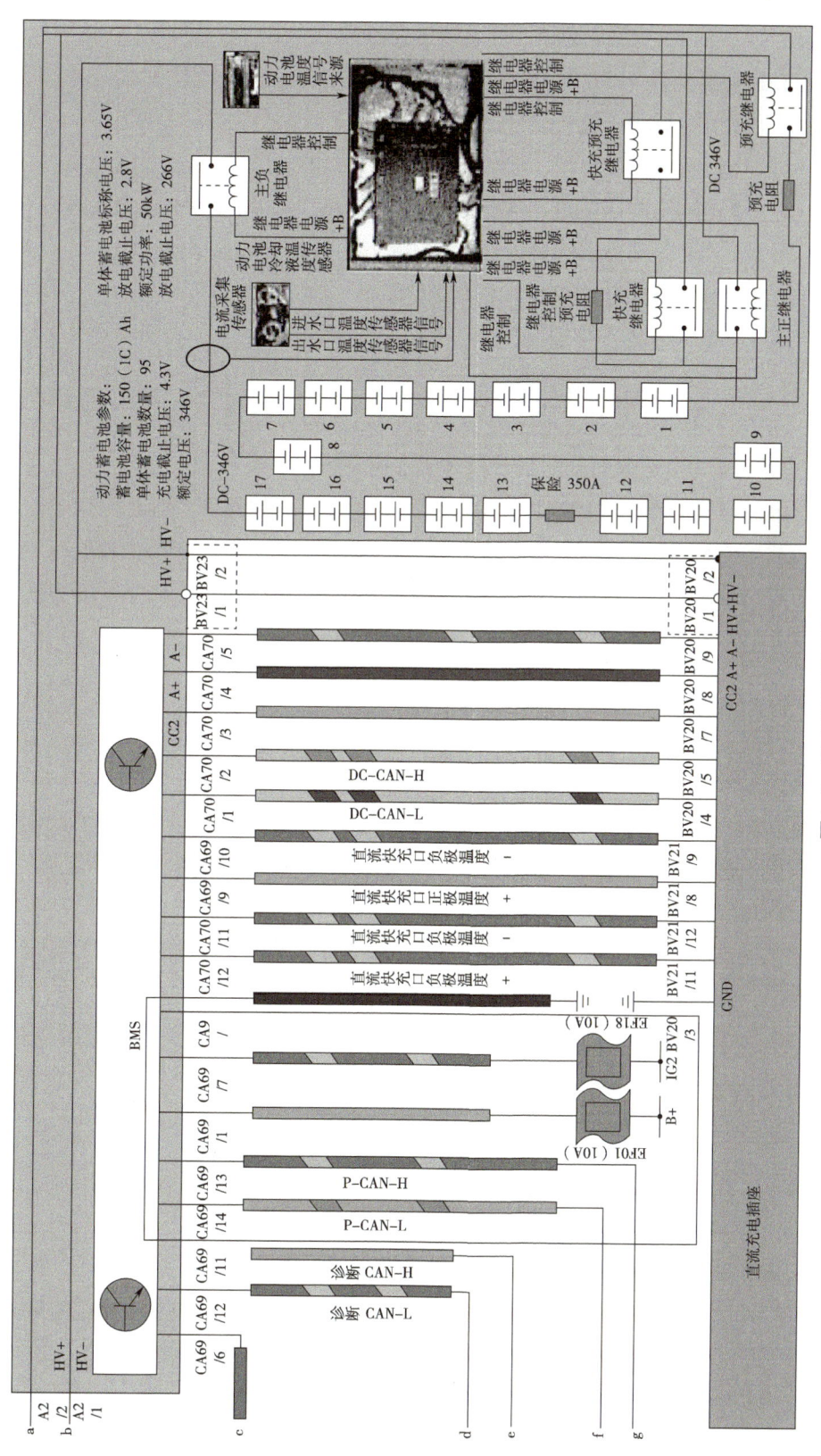

图2-3　BMS线路原理图

(1) 至 BMS 的 CAN 总线断路、虚接或短路故障。

(2) BMS 电源线路断路、虚接、短路或其自身故障。

(3) 动力蓄电池组输出线路故障。

(4) 动力蓄电池组内部电流、电压传感器或其线路断路、虚接、短路故障。

(5) 动力蓄电池组内部主正、主负、预充继电器控制、线路以及自身故障。

(6) 动力蓄电池内部高压互锁信号及线路断路、虚接、短路故障。

(7) 蓄电池组内部温度传感器信号及线路断路、虚接、短路故障。

(8) BMS 对蓄电池进行过温保护。

(9) BMS 对蓄电池进行过电压保护。

(10) BMS 对蓄电池进行过电流保护。

(11) 动力蓄电池电量过低,导致整车无法启动。

在对 BMS 及动力蓄电池组作故障分析时,要结合系统线路和观察到的现象认真分析,逐步缩小可能的故障范围。由于技术和安全原因,不允许打开动力蓄电池,只有厂家专业人员才被允许打开动力蓄电池组进行诊断和检修。所以,只能对动力蓄电池组外部线路及信号进行诊断分析。

五、检测步骤

(一) 读取诊断故障码 (DTC)

连接诊断仪器至 OBD 诊断接口后,通过使用诊断仪器与 BMS 进行通信,显示未连接成功。通过使用诊断仪器与车辆控制单元(VCU)连接,在 VCU 内部读取到以下故障码:U011287(与 BMS 通信丢失)。

记录当前诊断仪器上的故障码信号,断开连接至车辆的充电设备,通过诊断仪器清除故障码。清除故障码后,将诊断仪器从 VCU 内退出。

打开点火开关,如果故障现象消失,车辆正常上电,则可能为系统故障码保护,造成 VCU 进入功能性保护模式,车辆无法上电。如果车辆不能上电,且现象依旧存在,则通过诊断仪器读取故障码,并和先前的故障码进行比对:如果减少,减少的可能为偶发历史故障;如果增加,增加的可能为当前系统关联性故障。

(二) 故障码分析

读取并确认故障码后,需对故障码设置和产生的条件进行分析。

诊断仪器和 BMS 无法通信,但和 VCU 通信正常,且读取到 U011287(与 BMS 通信丢失)的故障码。VCU 和 BMS 通过 P-CAN① 总线进行通信,要保证它们之间的通

---

① Power Train Controller Area Network,动力驱动总线。

信,首先要满足 VCU、BMS 供电电源正常,其次是 P-CAN 总线连接正常,无虚接、断路、短路等故障,同时两个单元内部元件及印刷电路板(PCB)线路正常。

故障码定义表明 BMS 在点火开关打开时未工作,导致这个故障的可能原因有以下几个:

(1) BMS 常火供电线路(断路、虚接、短路)故障。

(2) BMS 与 VCU 之间 P-CAN 总线(断路、虚接、短路)故障。

(3) BMS 自身故障。

为了进一步确认故障部位,此时可关闭点火开关,移除辅助蓄电池负极 1 min 以上,然后复位。踩制动踏板打开点火开关,如果此时仪表上其他信号没有变化,只是动力蓄电池 SOC 信号值丢失,动力蓄电池低电量指示灯(黄色)亮起(见图 2-4 中椭圆圈示位置),即可确认 BMS 的通信 CAN 总线出现异常,导致 BMS 和 VCU 无法通信,蓄电池电量丢失,动力蓄电池故障灯点亮。

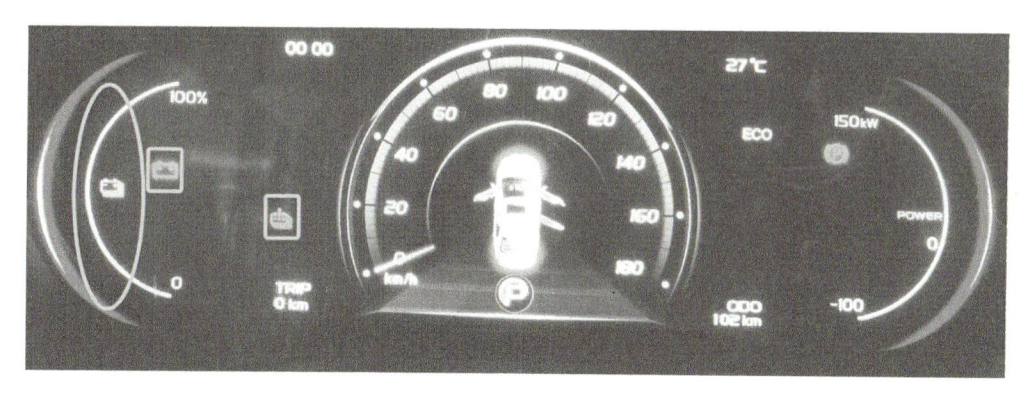

图 2-4 仪表信号显示图

结合以上现象,对于动力蓄电池及 BMS 控制的外围控制及通信线路来说,应为以下一项或多项原因造成。

(1) BMS 的 P-CAN 通信信号及线路断路、虚接、短路故障。

(2) BMS 电源+B 线路断路、虚接、短路故障。

要确认到底是 BMS 自身的故障导致控制单元无法通信,还是 CAN 总线系统故障导致控制单元无法通信,最好的方法就是用示波器测量 BMS 控制单元端的 CAN 总线波形。

(三)测量

测量 BMS 控制单元端的 CAN 总线波形。

(四)线路测试

(1) 测试 BMS 的常火供电电压。

（2）测试 BMS+B 供电线路输入端对地电压。

（3）测试 BMS+B 供电线路熔断器两端对地电压。

（4）测试 BMS 搭铁端对地电压。

（5）测试 BMS 电源线路对地电阻测试。

（6）线路导通性测试。

①测试 BMS 端子 CA69/1 和熔断器 EF01（10A）之间线路的导通性。

②测试 BMS 端子 CA69/2 和搭铁点之间的导通性。

（五）诊断结论验证

（1）将点火开关置于"OFF（关闭）"位置。

（2）安装所有诊断时拆下或更换的部件及插接器。

（3）诊断时，对拆除过或更换过的部件及单元，根据需要执行调整、编程或设置程序。

（4）将点火开关置于"ON（打开）"位置。

（5）清除故障码。

（6）关闭点火开关 60 s。

（7）踩下制动踏板，打开点火开关，车辆仪表显示正常，切换至 D 挡或 R 挡进行试车，车辆运行正常。

（8）维修结束。

（六）故障机理分析

如果 BMS 电源线路或 P-CAN 通信线路存在故障，造成 BMS 无法启动运行及信号传输，将会使 VCU 无法正常接收到 BMS 发送的动力蓄电池电量、电压、故障、温度等状态信号，从而无法确认动力蓄电池的工作状态，VCU 启动整车保护功能，导致整车高压系统不上电。

六、填写工单

动力电池管理系统（BMS）故障诊断与排除任务工单如表 2-2 所示。

表 2-2 动力电池管理系统（BMS）故障诊断与排除任务工单

动力电池管理系统（BMS）故障诊断与排除	工作任务单	班级：
		姓名：
1. 学习任务 一辆吉利 EV450 电动汽车无法正常行驶，打开点火开关，高压不上电，READY 灯不亮，请在约定时间内对车辆进行诊断与维修，并给车主提出用车建议		

续表

任务	自测标准		学习建议
资料准备	防护装备	车内外三件套	工欲善其事,必先利其器。完成学习任务的第一步是熟悉并掌握新能源汽车维护相关的工具设备,做好准备工作
	实训车辆	实训车辆等	
	工具设备	防护工具、绝缘工具等	
	辅助资料	汽车维修手册、教材	
实施步骤	读取诊断故障码(DTC)	连接诊断仪器至车载诊断系统(OBD)诊断接口,此时通过使用诊断仪器与BMS进行通信	许多车型中所附的电气线路图都是接线图,因此掌握接线图的读法和分析方法,对线路故障的查寻会有很大帮助。接线图可以是整车电路的接线图,也可以是各系统的接线图
	故障码分析	读取并确认故障码后,需对故障码设置和产生的条件进行分析	
	波形测试	测量BMS控制单元端的CAN总线波形	
	线路测试	包括线路测试	
	故障验证	诊断结论验证	

2. 学习笔记

(1) 吉利EV450汽车动力电池管理系统组成。

(2) 吉利EV450汽车动力电池管理系统故障分析。

(3) 吉利EV450汽车动力电池管理系统故障排除步骤。

七、任务评价

动力电池管理系统(BMS)故障诊断与排除任务综合能力评价表如表2-3所示。

表2-3 动力电池管理系统(BMS)故障诊断与排除任务综合能力评价表

学习任务名称			学习时间			
班级			学习团队			
	评价指标	评价情况	否定结果原因	自评	互评	师评
1	学习态度	□优秀 □良好 □一般 □差				

续表

评价指标		评价情况	否定结果原因	自评	互评	师评
2	知识学习	□优 □良 □中 □差				
3	技能学习	□优 □良 □中 □差				
4	流程编制	□优化 □合理 □一般 □不合理				
5	程序编制	□优化 □合理 □一般 □不合理				
6	完成时间	□提前 □准时 □延后 □未完成				
7	测验质量	□合格 □不良 □返修 □报废				
8	成果展示	□清晰流畅 □需要补充 □不清晰流畅				
9	操作方法	□正确 □部分正确 □不正确				
10	安全规范	□很好 □好 □较好 □不好				
11	7S管理	□很好 □好 □较好 □不好				
12	分工协作	□很好 □好 □较好 □不好				
13	沟通交流	□很好 □好 □较好 □不好				
14	问题解决	□及时 □较及时 □不及时				
15	创新精神	□优秀 □良好 □一般 □不足				
16	规划掌控	□很好 □好 □较好 □不好				

学习任务完成自评总结（团队）		亮点优点	
		缺点不足	

团队评价	团队自评	□优 □良 □中 □差	团队互评	□优 □良 □中 □差

学生个人评价	姓名	项目														
		1	2	3	4	5	6	7	8	9	10	11	12	13	14	15	16

审定意见	学习组长 年 月 日	指导教师 年 月 日	教研组长 年 月 日

八、拓展学习

(一) 学习感想交流

中国动力电池企业宁德时代的麒麟电池技术进一步提升了能量密度,其最重大的技术突破就是革新性地提升了快充技术,实现 10 分钟充满 80% 电量,让电动汽车充电如同加油一样便捷。

目前全球动力电池行业形成了日本、韩国和中国三强的格局,其中,中国在动力电池行业位居第一,而宁德时代更是多年位居全球第一。

宁德时代取得动力电池技术的革新有望帮助它赢得美国电动汽车企业更多动力电池订单,同时宁德时代还将助力中国电动汽车企业与美国电动汽车企业竞争。如今中国已成为全球最大的电动汽车市场,涌现出一大批电动汽车企业。动力电池作为电动汽车的核心技术,只有本土企业加强合作才能获取更大的成功。

将你的感想分享给老师和同学吧!

(二) 课后作业

(1) 进行下一任务高压互锁线路故障诊断与排除学习信息收集和筛选以及资源的准备。

(2) 进行下一任务高压互锁线路故障诊断与排除学习设备和工具的准备。

任务二　高压互锁线路故障诊断与排除

【案例引入】

一位吉利 EV450 电动汽车车主反映，车辆启动时出现 READY 灯不亮、动力系统故障灯点亮的故障现象。请你在约定时间内对车辆进行诊断与维修，并给车主提出用车建议。

【任务目标】

学习目标

1. 正确运用万用表、示波器、诊断仪等常见设备
2. 对线路原理图进行准确识读和分析
3. 对常见充电故障进行诊断与排除
4. 具备学习新标准、新政策的能力

素养目标

1. 能够在工作过程中与小组其他成员合作、交流，形成团队合作意识，锻炼沟通能力
2. 养成 7S 的工作习惯
3. 养成服从管理、规范作业的良好工作习惯
4. 提高与时俱进、不断学习的意识
5. 增强诚信意识

【任务实施】

一、知识准备

吉利 EV 系列高压互锁线路原理图如图 2-5 所示，高压互锁线路采用串联、波形检测的方式。参与高压互锁的主要高压部件有微控制单元（MCU）及高压线束、车载充电机（OBC）及高压线束、正温度系数（PTC）加热器及高压线束、空调压缩机及高压线束。

VCU 通过 CA67/76 端子输出一个幅值约为 3.3 V 的脉冲宽度调制（PWM）[①] 占空

[①] 脉冲宽度调制（Pulse Width Modulation，PWM），也称脉冲宽度调变，简称为脉宽调制。

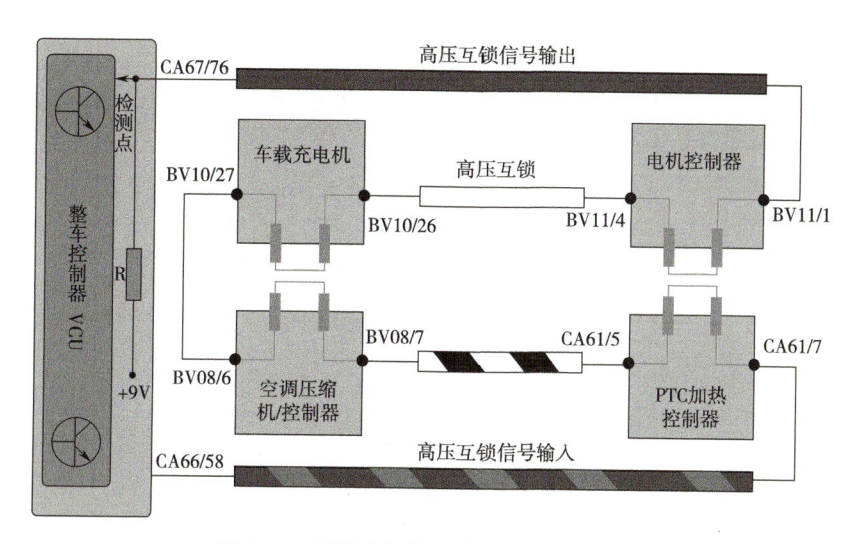

图 2-5 串联式高压互锁线路连接原理图

比信号。波形信号通过高压互锁导线进入 MCU 的 BV11/1 端子，通过 MCU 高压插接器内部短路（导通），从 MCU 的 BV11/4 端子输出；再进入车载充电机的 BV10/26 端子，通过车载充电机高压插接器内部短路（导通），从车载充电机的 BV10/27 输出；再进入空调压缩机控制器的 BV08/6 端子，通过空调压缩机控制器高压插接器内部短路（导通），从空调压缩机控制器的 BV08/7 端子输出；再进入 PTC 加热控制器的 CA61/5 端子，通过 PTC 加热控制器高压插接器内部短路（导通），从 PTC 加热控制器的 CA61/7 端子输出；再进入 VCU CA66/58 端子，VCU 通过内部上拉线路将幅值约为 3.3 V 的 PWM 占空比信号拉至幅值约为 12 V 的 PWM 占空比信号。

二、故障诊断前准备

（1）在进行故障检测前，判断周围环境是否干燥、有无灭火器材等。

（2）检测前做好安全防护准备工作（例如绝缘手套、护目镜、绝缘鞋等的检查与穿戴）。

（3）在进行高压互锁线路故障的诊断与排除操作时，做好车辆高压下电的检查工作。

（4）使用绝缘电阻测试仪、万用表等，必须提前校正仪器的准确性。

（5）对检测所获得的数据，必须认真记录、准确计算、仔细分析，保证检测的准确性、快捷性。

三、工具准备

高压互锁线路故障检测与诊断工具准备清单如表 2-4 所示。

表 2-4 高压互锁线路故障检测与诊断工具准备清单

类型	名称	规格	图示	应用
防护工具	绝缘手套	绝缘		安全准备
防护工具	护目镜	绝缘		安全准备
防护工具	安全帽	绝缘		安全准备
检测工具	诊断仪	X431		实训操作
检测工具	万用表	优利德		实训操作
检测工具	示波器	优利德		实训操作
检测工具	兆欧表	FLUKE		实训操作

四、故障分析

（一）故障现象

一辆吉利 EV450 的故障表现为 READY 灯不亮，动力系统故障灯点亮。故障现象如图 2-6 所示。

（二）模块通信状态及故障码检查

1. 故障码文字描述

VCU 报 P0A0A11 高压互锁断开。

2. 故障诊断仪显示

故障诊断仪显示如图 2-7 所示。

图 2-6 仪表故障现象

图 2-7 解码仪显示

3. 相关数据流文字描述

无相关数据流。

4. 相关数据流故障诊断仪显示

无相关数据流图。

(三) 确认故障范围

高压互锁环形线路。

五、检测步骤

根据故障范围分步骤进行线路流程检测。

(一) 检测分析

根据故障现象以及故障码提示，可以将故障大致锁定在高压互锁环形线路当中的某一节点处，按照高压互锁的输出输入依次进行排查。

(二) 检测电路图

需要检测的电路图如图 2-8 所示。

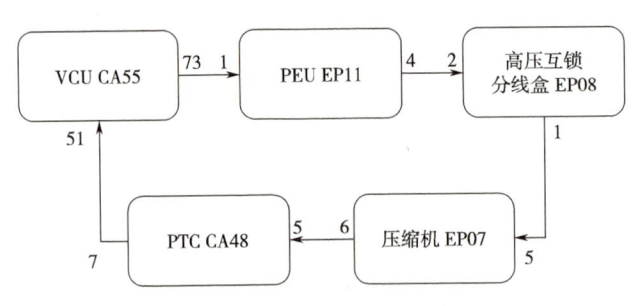

图 2-8 需要检测的电路图

(三) 具体检测过程

故障诊断与排除准备工作完毕之后，整个诊断过程如图 2-9 至图 2-19 所示。

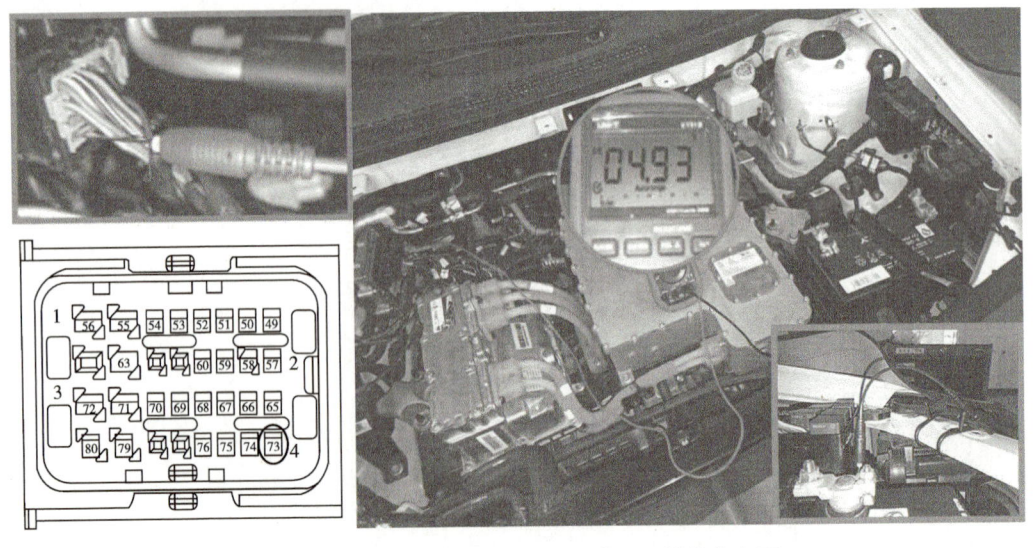

图 2-9 上电后背插 CA55/73 号高压互锁输出电压

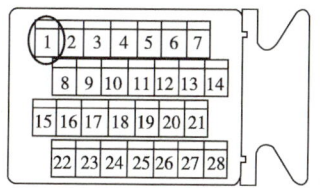

图 2-10　上电后背插 EP11/1 号高压互锁输入电压（0 V）

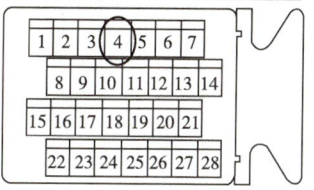

图 2-11　上电后背插 EP11/4 输出电压

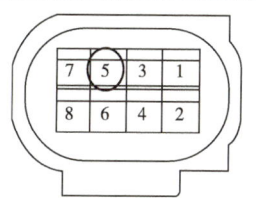

图 2-12　上电后背插 CA58/5 输入电压

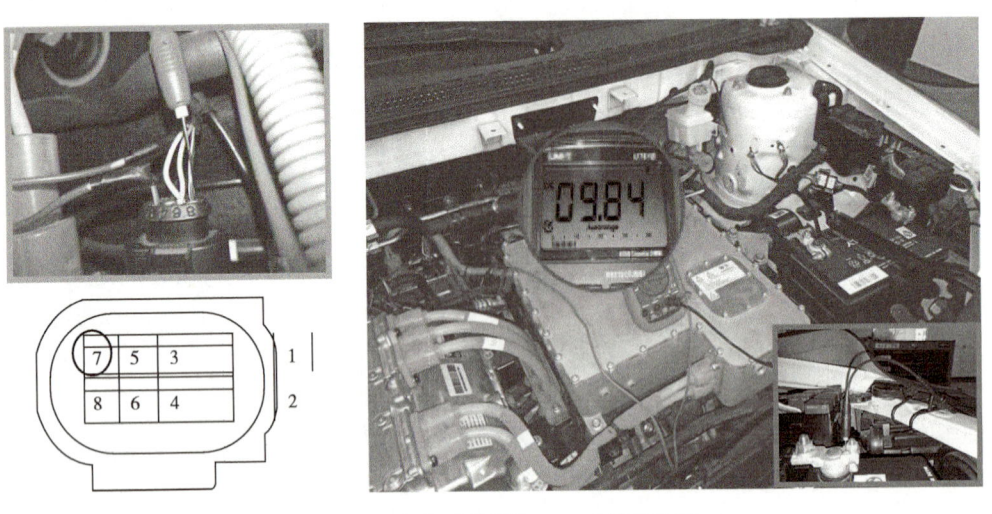

图 2-13　上电后背插 CA48/7 输出电压

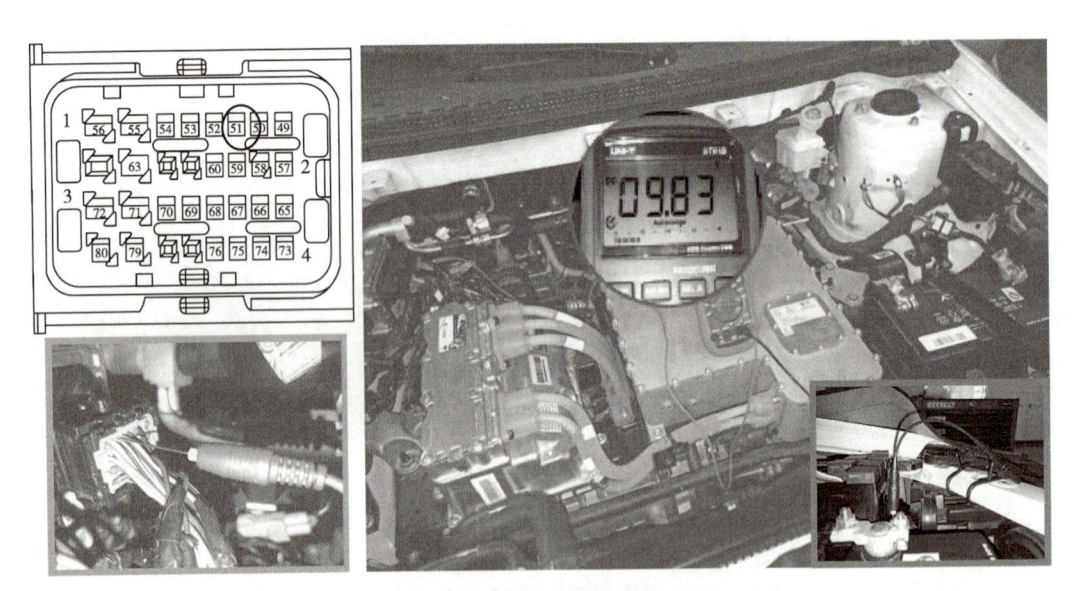

图 2-14　上电后背插 CA55/51 输入电压

图 2-15　车辆下电，断开低压电源负极

图 2-16　断开高压连接部件，静置 5 min

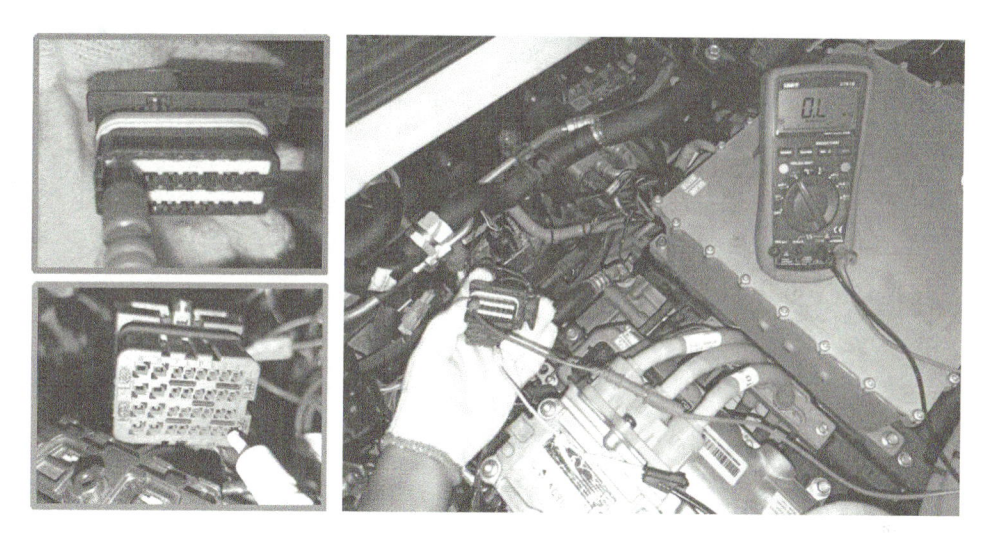

图 2-17　测量 CA55/73 输出到 EP11/1 号输入间电阻值

图 2-18　测量 EP11/4 输出到 CA48/5 输入间电阻值（0.2 Ω）

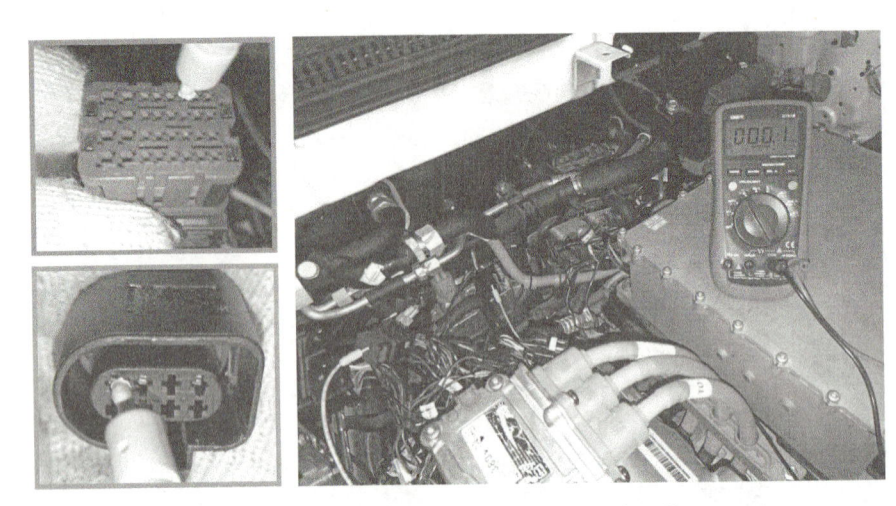

图 2-19　测量 CA48/7 输出到 CA55/51 输入间电阻值（0.1 Ω）

由于 EP08 高压互锁分线盒的输入输出：压缩机 EP07 的输入输出位置特殊，不方便进行测量，此处忽略测量步骤。

六、填写工单

高压互锁线路故障诊断与排除任务工单如表 2-5 所示。

表 2-5　高压互锁线路故障诊断与排除任务工单

高压互锁线路故障诊断与排除		工作任务单	班级：
			姓名：
1. 学习任务 一辆吉利 EV450 电动汽车车主反映，车辆启动时出现 READY 灯不亮、动力系统故障灯点亮故障现象。请你在约定时间内对车辆进行诊断与维修，并给车主提出用车建议			
任务		自测标准	学习建议
资料准备	防护装备	车内外三件套	工欲善其事，必先利其器。完成学习任务的第一步是熟悉并掌握新能源汽车维护相关的工具设备，做好准备工作
	实训车辆	实训车辆等	
	工具设备	防护工具、绝缘工具等	
	辅助资料	汽车维修手册、教材	
实施步骤	带电测量	上电后背插 CA55/73 号高压互锁输出电压	根据故障现象以及故障码显示，可以将故障大致锁定在高压互锁环形线路当中的某一节点处，按照高压互锁的输出输入依次进行排查
	下电操作	车辆下电，断开低压电源负极	
	电阻测量	测量 CA55/73 号输出到 EP11/1 号输入间电阻值	
	故障验证	启动车辆，进行故障验证	

续表

2. 学习笔记
（1）吉利EV450汽车高压互锁线路连接原理。
（2）吉利EV450汽车高压互锁线路故障分析。
（3）吉利EV450汽车高压互锁线路故障检测步骤。

七、任务评价

高压互锁线路故障诊断与排除任务综合能力评价表如表2-6所示。

表2-6　高压互锁线路故障诊断与排除任务综合能力评价表

学习任务名称			学习时间			
班级			学习团队			
	评价指标	评价情况	否定结果原因	自评	互评	师评
1	学习态度	□优秀　□良好　□一般　□差				
2	知识学习	□优　□良　□中　□差				
3	技能学习	□优　□良　□中　□差				
4	流程编制	□优化　□合理　□一般　□不合理				
5	程序编制	□优化　□合理　□一般　□不合理				
6	完成时间	□提前　□准时　□延后　□未完成				
7	测验质量	□合格　□不良　□返修　□报废				
8	成果展示	□清晰流畅　□需要补充　□不清晰流畅				
9	操作方法	□正确　□部分正确　□不正确				
10	安全规范	□很好　□好　□较好　□不好				
11	7S管理	□很好　□好　□较好　□不好				
12	分工协作	□很好　□好　□较好　□不好				
13	沟通交流	□很好　□好　□较好　□不好				
14	问题解决	□及时　□较及时　□不及时				
15	创新精神	□优秀　□良好　□一般　□不足				

续表

评价指标		评价情况				否定结果原因	自评	互评	师评
16	规划掌控	☐很好	☐好	☐较好	☐不好				
学习任务完成自评总结（团队）						亮点优点			
						缺点不足			
团队评价	团队自评	☐优	☐良	☐中	☐差	团队互评	☐优 ☐良 ☐中 ☐差		

学生个人评价	姓名	项目														
		1	2	3	4	5	6	7	8	9	10	11	12	13	14	15	16

审定意见	学习组长 年 月 日	指导教师 年 月 日	教研组长 年 月 日

八、拓展学习

（一）学习感想交流

近年来，消费者选车时，在选购燃油车和新能源车的问题不再纠结，越来越多的人纷纷将新能源车作为购车的首选，燃油车"一家独大"的销售局面已经成为过去。

从产销规模看，新能源汽车累计销量从2012年底的2万辆大幅攀升到2022年5月底的1 108万辆。数据显示，2021年，中国新能源汽车销量达352.1万辆，已经连续7年位居全球首位。新能源汽车成为引领汽车产业电动化转型的重要力量，是多重因素共同促成的结果。

在我国新能源汽车快速发展中，在智能网联和新能源"双轮驱动"下，中国品牌未雨绸缪，抢抓先机，走在了产业发展的前沿，带来了新产品、新技术、新模式、新理念，成为我国新能源汽车发展的主力军。传统车企也积极拥抱新能源汽车，实现快速转型，开启了中国品牌的崛起之路。

数据显示，2022年中国品牌新能源乘用车累计销量同比均增长1.5倍，高于市场

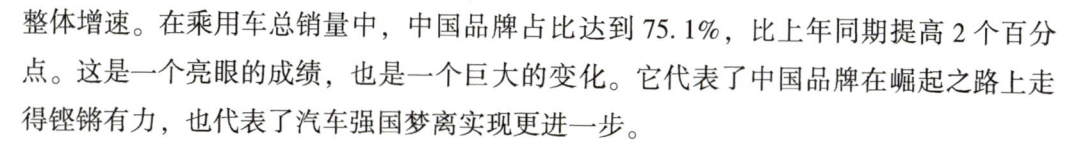

整体增速。在乘用车总销量中，中国品牌占比达到 75.1%，比上年同期提高 2 个百分点。这是一个亮眼的成绩，也是一个巨大的变化。它代表了中国品牌在崛起之路上走得铿锵有力，也代表了汽车强国梦离实现更进一步。

将你的感想分享给老师和同学吧！

（二）课后作业

（1）进行下一任务交流充电 CC[①] 信号故障诊断与排除学习信息收集和筛选以及资源的准备。

（2）进行下一任务交流充电 CC 信号故障诊断与排除学习设备和工具的准备。

---

① 即 Constant Current，充电连接确认。

项目三　新能源汽车充电系统

充电系统是电动汽车的能源补给系统,为车辆持续行驶提供动力,充电系统可分为交流充电和直流充电两种方式,也分别称为慢充和快充。

任务一　交流充电 CC 信号故障诊断与排除

【案例引入】

一辆吉利 EV450 电动汽车可以正常行驶，快充正常，但对车辆进行交流充电时，车辆无法充电。请你在约定时间内对车辆进行诊断与维修，并给车主提出用车建议。

【任务目标】

学习目标

1. 正确运用万用表、示波器、诊断仪等常见设备
2. 对线路原理图进行准确识读和分析
3. 对常见充电故障进行诊断与排除
4. 具备学习新标准、新政策的能力

素养目标

1. 能够在工作过程中与小组其他成员合作、交流，形成团队合作意识，锻炼沟通能力
2. 养成 7S 的工作习惯
3. 养成服从管理、规范作业的良好工作习惯
4. 提高与时俱进、不断学习的意识
5. 培养爱国情怀，提升民族自豪感

【任务实施】

一、知识准备

（一）慢充端口

定义：慢充端口包括供电插头和车辆插头两部分。吉利 EV450 纯电动汽车供电插头采用的是国标 7 孔母座，车辆插头采用的是国标 7 孔公头，且两端能够很好契合，各孔定义如图 3-1 所示。

作用：通过家用 220 V 插座和交流充电柜接入交流充电口，通过车载充电设备将高压交流电转为高压直流电给动力蓄电池充电。

特点：采用铜合金表面镀银和顶部热塑性塑料①工艺，具有防水，防尘，耐压，阻燃等优点；为避免混淆，供电插头和车辆插头采用不同的结构，供电插头有凹槽，车辆插头无凹槽，并且插头的高度也不同；充电时间一般为 2~8 个小时。

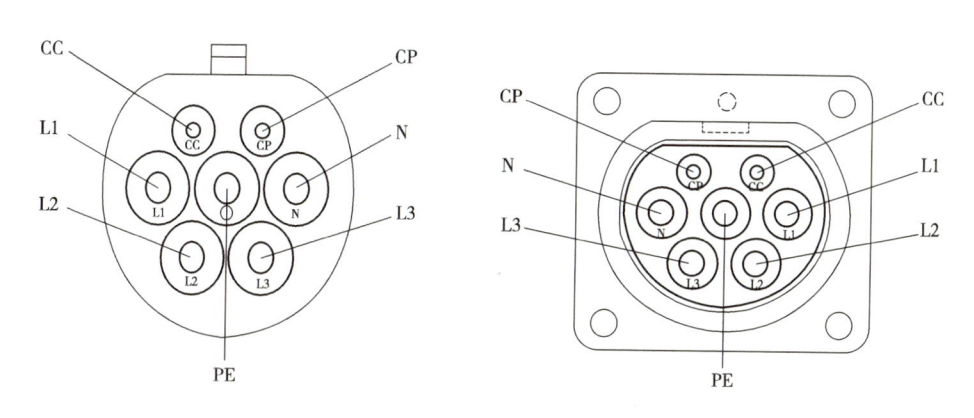

端子名称	作用
L1	交流电源（单相）
L2	交流电源（三相）
L3	交流电源（三相）
N	中线
PE	保护接地（PE），连接供电设备地线和车辆电平台
CC	充电连接确认
CP	控制导引

图 3-1　慢充接口

（二）车载充电机工作原理

图 3-2 所示为车载充电机拓扑电路图，整机功率拓扑由整流电路、交错 PFC② 升压电路和 LLC③ 谐振电路组成，整流电路将输入的 220 V 交流电转为脉动电流，经过 PFC 电路后变为直流电，然后再进行逆变升压，最后将变压器输出的交变电流整流滤波后输入动力电池进行充电。充电过程中，充电机接受 VCU 或 BMS 发送的充电电压、充电电流等指令进行工作。

---

① 热塑性塑料是一类在一定温度下具有可塑性，冷却后固化且能重复这种过程的塑料。
② PFC（Power Factor Correction，功率因数校正）升压电路。
③ LLC（Logic Link Control，逻辑链路控制）电路。

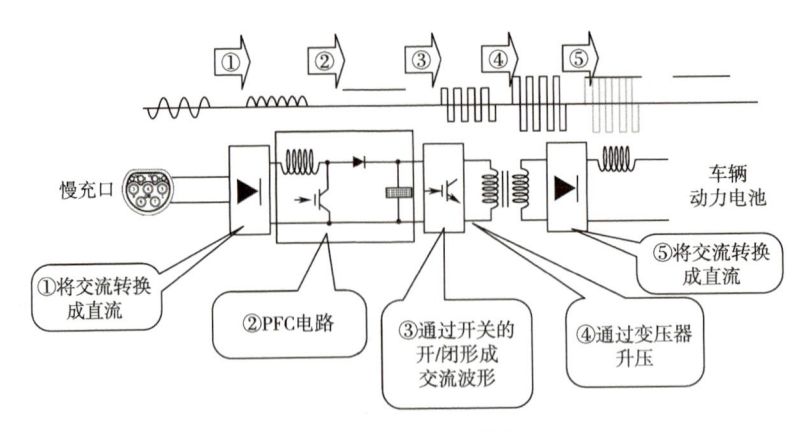

图 3-2 车载充电机拓扑电路图

二、故障诊断前准备

（1）在进行故障检测前，判断周围环境是否干燥、有无灭火器材等。

（2）检测前做好安全防护准备工作（例如绝缘手套、护目镜、绝缘鞋等的检查与穿戴）。

（3）在进行交流充电 CC 信号故障的诊断与排除操作时，做好车辆充电系统的检查工作。

（4）使用绝缘电阻测试仪、万用表等，必须提前校正仪器的准确性。

（5）对检测所获得的数据，必须认真记录、准确计算、仔细分析，保证检测的准确性、快捷性。

三、工具准备

交流充电 CC 信号故障检测与诊断工具准备清单如表 3-1 所示。

表 3-1 交流充电 CC 信号故障检测与诊断工具准备清单

类型	名称	规格	图示	应用
防护工具	绝缘手套	绝缘		安全准备
	护目镜	绝缘		安全准备
	安全帽	绝缘		安全准备

续表

类型	名称	规格	图示	应用
检测工具	诊断仪	X431		实训操作
	万用表	优利德		
	示波器	优利德		
	兆欧表	FLUKE		

四、故障分析

（一）故障现象

一辆吉利 EV450 的故障表现为仪表充电时不亮，桩端无电流输出，充电指示灯不亮。故障现象如图 3-3 至图 3-4 所示。

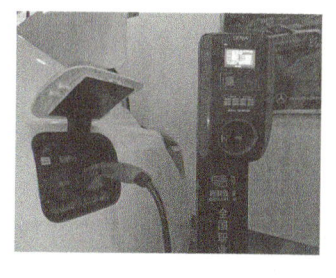

图 3-3　充电指示灯不亮，充电电流约为 0.6 A

（二）模块通信状态及故障码检查

1. 故障码文字描述

因低压无法上电，VCU 无法进入系统，无相关故障码，ACM[①] 模块报系统正常。

---

① 即 Auxiliary Control Module，辅助控制模块。

图 3-4　车内仪表无充电提示

2. 故障诊断仪显示

故障诊断仪显示如图 3-5 所示。

图 3-5　读取 ACM 系统故障码

3. 相关数据流文字描述

ACM 检测充电口 CC 信号未连接。

4. 相关数据流故障诊断仪显示

相关数据流故障诊断仪显示如图 3-6 所示。

图 3-6　ACM 在充电时数据流信息

(三) 确认故障范围

桩端 CC、PE[①]，车端交流充电口插座 CC、PE，SO87/CC 端线路。

五、检测步骤

根据故障范围，分步骤进行线路流程检测。

(一) 检测分析

根据故障现象及诊断仪数据流显示，大致将故障范围缩小为车端和桩端两个模块之上，车端故障范围缩小至 CC 线路、CC 唤醒信号两条线路上，桩端故障范围缩小至 CC 与 PE 之间。

(二) 检测电路图

需要检测的电路图如图 3-7 所示。

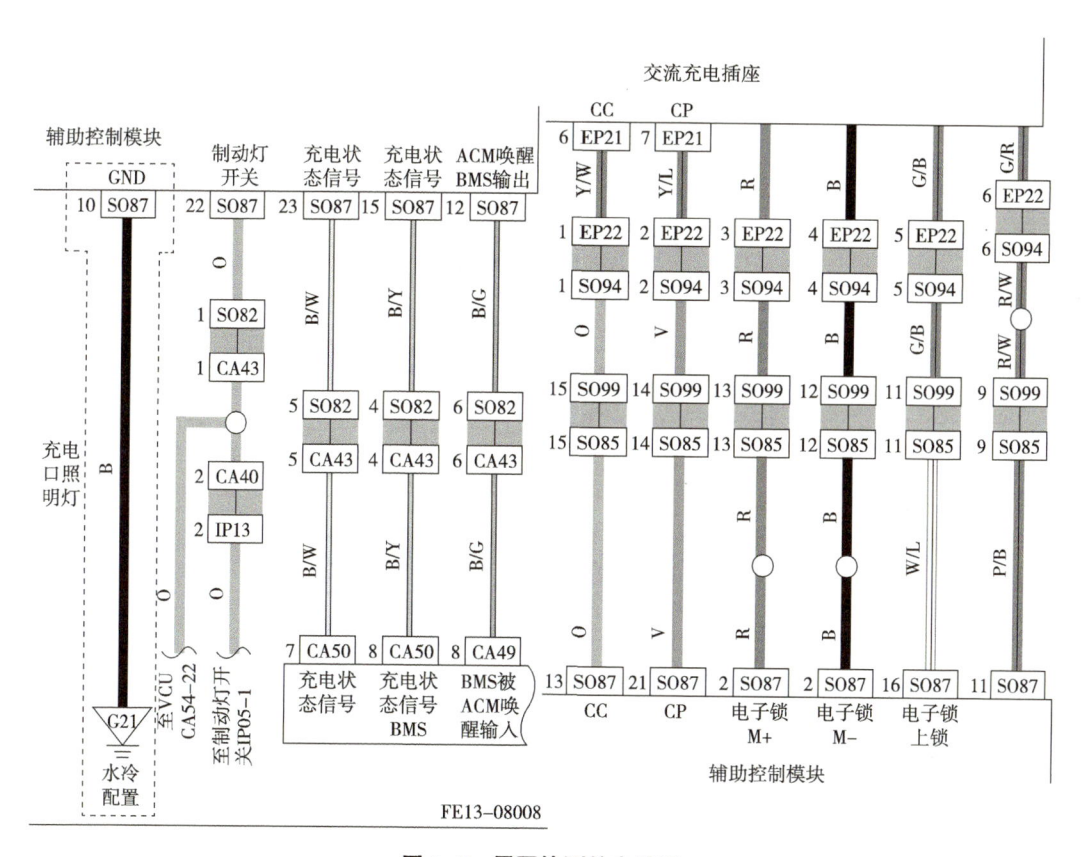

图 3-7 需要检测的电路图

[①] 即 Protective Earth，保护接地。

(三) 具体检测过程

故障诊断与排除准备工作完毕之后，整个诊断过程如图 3-8 至图 3-16 所示。

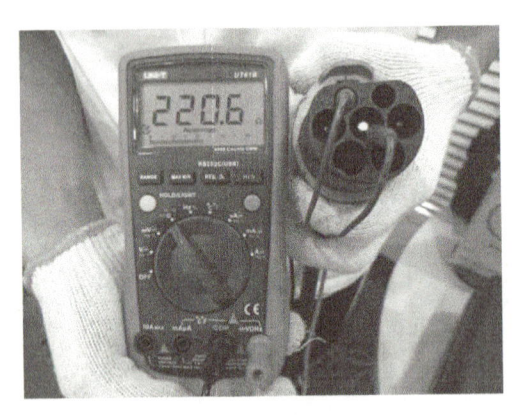

图 3-8　未按下充电枪锁止按钮时测量 CC 与 PE 之间电阻值

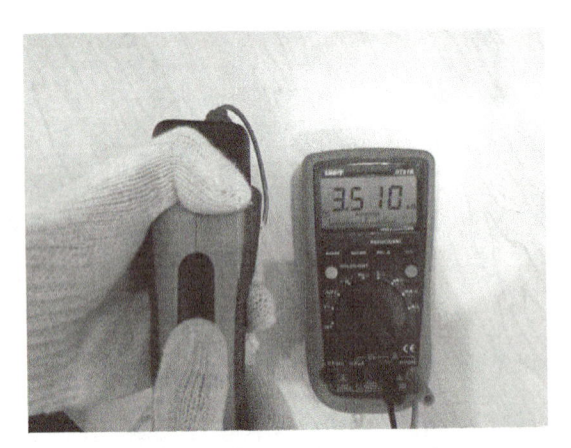

图 3-9　按下充电枪锁止按钮时测量 CC 与 PE 之间电阻值

图 3-10　测量车端 CC 与 PE 之间电压值（正常值为 5 V）

项目三　新能源汽车充电系统

图 3-11　测量车端 CC 到外界搭铁之间电压值（正常值为 5 V）

图 3-12　车辆下电，断开低压电源负极

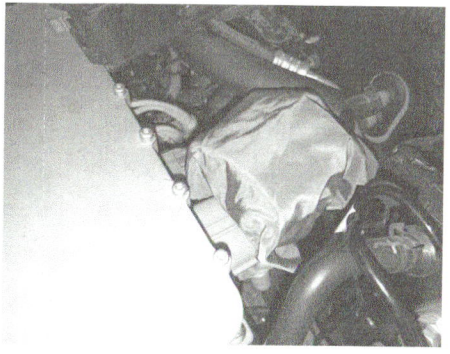

图 3-13　断开高压连接部件，静置 5 min

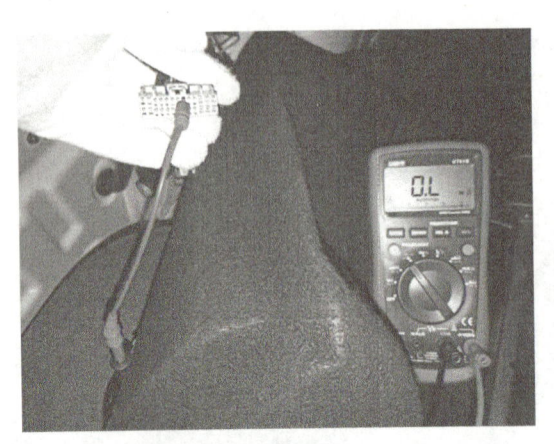

图 3-14 测量车端 CC 到 SO87/13 之间电阻值（无穷大）

图 3-15 测量 SO99/15 到车端交流充电口 CC 端之间电阻值

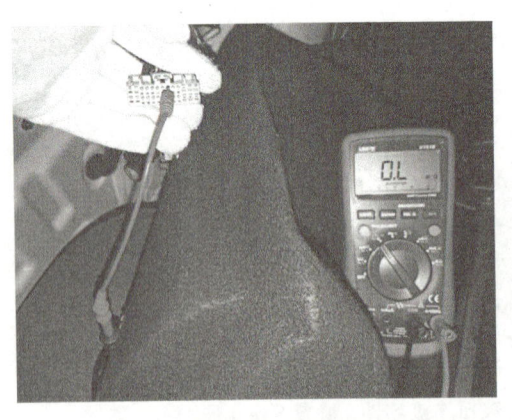

图 3-16 测量 SO85/15 到 SO87/13 之间电阻值

根据故障码及数据流显示，可以将故障大致锁定在 CC 线路上，对充电枪体进行测量，发现充电枪本身没有故障，接下来对车辆进行测量，测量 CC 线路的电压为 0 V，不正常。断开高压供电，对 CC 相关线路进行测量。测量 CC 与 SO87/13 之间电阻为无穷大，说明该线路存在断点故障，进行分段测量。测量 SO99/15 到车端交流充电口 CC 端电阻为 0 Ω，说明该线路正常。测量 SO85/15 到 SO87/13 电阻无穷大，说明该线路存在故障，为线路断路故障。

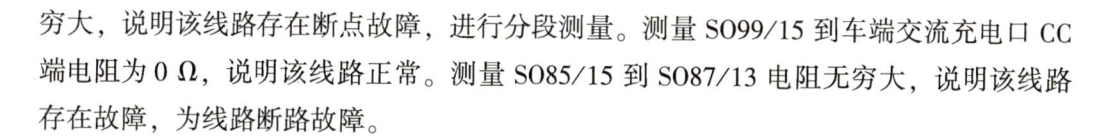

六、填写工单

交流充电 CC 信号故障检测与诊断任务工单如表 3-2 所示。

表 3-2　交流充电 CC 信号故障检测与诊断任务工单

交流充电 CC 信号故障诊断与排除		工作任务单	班级：
			姓名：
1. 学习任务			
一辆吉利 EV450 电动汽车可以正常行驶，快充正常，但对车辆进行交流充电时，车辆无法充电。请你在约定时间内对车辆进行诊断与维修，并给车主提出用车建议			
任务	自测标准		学习建议
资料准备	防护装备	车内外三件套	工欲善其事，必先利其器。完成学习任务的第一步是熟悉并掌握新能源汽车维护相关的工具设备，做好准备工作
	实训车辆	实训车辆等	
	工具设备	防护工具、绝缘工具等	
	辅助资料	汽车维修手册、教材	
实施步骤	带电测量	未按下充电枪锁止按钮时测量 CC 与 PE 之间电阻值	根据故障现象及诊断仪数据流显示，大致将故障范围缩小为车端和桩端两个模块之上，车端故障范围缩小至 CC 线路、CC 唤醒信号两条线路上，桩端故障范围缩小至 CC 与 PE 之间
	下电操作	车辆下电，断开低压电源负极	
	电阻测量	测量车端 CC 到 SO87/13 之间电阻值（无穷大）	
	检测操作	测量 SO99/15 到车端交流充电口 CC 端电阻值	
	故障验证		
2. 学习笔记			
（1）吉利 EV450 汽车慢充充电原理。			
（2）吉利 EV450 交流充电 CC 信号故障检测分析。			
（3）吉利 EV450 交流充电 CC 信号故障排除步骤。			

七、任务评价

交流充电 CC 信号故障诊断与排除任务综合能力评价表如表 3-3 所示。

表 3-3　交流充电 CC 信号故障诊断与排除任务综合能力评价表

学习任务名称				学习时间			
班级				学习团队			
	评价指标	评价情况		否定结果原因	自评	互评	师评
1	学习态度	□优秀　□良好　□一般　□差					
2	知识学习	□优　□良　□中　□差					
3	技能学习	□优　□良　□中　□差					
4	流程编制	□优化　□合理　□一般　□不合理					
5	程序编制	□优化　□合理　□一般　□不合理					
6	完成时间	□提前　□准时　□延后　□未完成					
7	测验质量	□合格　□不良　□返修　□报废					
8	成果展示	□清晰流畅　□需要补充　□不清晰流畅					
9	操作方法	□正确　□部分正确　□不正确					
10	安全规范	□很好　□好　□较好　□不好					
11	7S 管理	□很好　□好　□较好　□不好					
12	分工协作	□很好　□好　□较好　□不好					
13	沟通交流	□很好　□好　□较好　□不好					
14	问题解决	□及时　□较及时　□不及时					
15	创新精神	□优秀　□良好　□一般　□不足					
16	规划掌控	□很好　□好　□较好　□不好					
学习任务完成自评总结（团队）				亮点优点			
				缺点不足			
团队评价	团队自评	□优　□良　□中　□差		团队互评	□优　□良　□中　□差		

学生个人评价	姓名	项目															
		1	2	3	4	5	6	7	8	9	10	11	12	13	14	15	16

审定意见	学习组长 年　月　日	指导教师 年　月　日	教研组长 年　月　日

八、拓展学习

（一）学习感想交流

目前，阻碍电动车发展的最大障碍依然是续航焦虑，续航焦虑的本质是"补能焦虑"。特斯拉拥有超级充电桩，可以极大提高充电效率。小鹏、极氪都持同样的理念，通过建设专属快充站来提升补能速度，从而减轻车主们的续航焦虑。

比亚迪通过全球首创的电驱升压充电技术，可以在 300~750 V 电压范围内进行直流快充，成为全行业"最不挑食"的品牌，任何充电桩都可以发挥出最大的充电功效。

将你的感想分享给老师和同学吧！

（二）课后作业

（1）进行下一任务交流充电 CP[①] 信号故障诊断与排除学习信息收集和筛选以及资源的准备。

（2）进行下一任务交流充电 CP 信号故障诊断与排除学习设备和工具的准备。

---

① CP：Control Pilot，控制确认。

任务二　交流充电 CP 信号故障诊断与排除

【案例引入】

一辆吉利 EV450 电动汽车可以正常行驶，快充正常，但对车辆进行交流充电时，车辆无法充电。请你在约定时间内对车辆进行诊断与维修，并给车主提出用车建议。

【任务目标】

学习目标

1. 正确运用万用表、示波器、诊断仪等常见设备
2. 对线路原理图进行准确识读和分析
3. 对常见充电故障进行诊断与排除
4. 具备学习新标准、新政策的能力

素养目标

1. 能够在工作过程中与小组其他成员合作、交流，形成团队合作意识，锻炼沟通能力
2. 养成 7S 的工作习惯
3. 养成服从管理、规范作业的良好工作习惯
4. 提高与时俱进、不断学习的意识
5. 增强诚信意识

【任务实施】

一、知识准备

从吉利 EV450 交流充电插座线路原理图（见图 3-17）可以看出，OBC 通过 BV10/50 端子与交流充电插座 BV24/7 端子之间的线路来进行充电设备与车载充电机之间 CP 信号的传递。

（1）充电枪连接后，充电设备输出至 CP 线路上的 +12 V 电压被 OBC 内部充电导引装置中串联在 CP 线路上的整流二极管和并联在 CP 线路上的电阻 R3 拉低至 9 V 并保持，使 CP 线路上电压下降为 9 V。OBC 内部监测 CP 线路上检测点 2 电压，如果检测到检测点 2 电压为 9 V，则 OBC 判定充电设备与车辆已连接，车载充电机进入准备阶段。

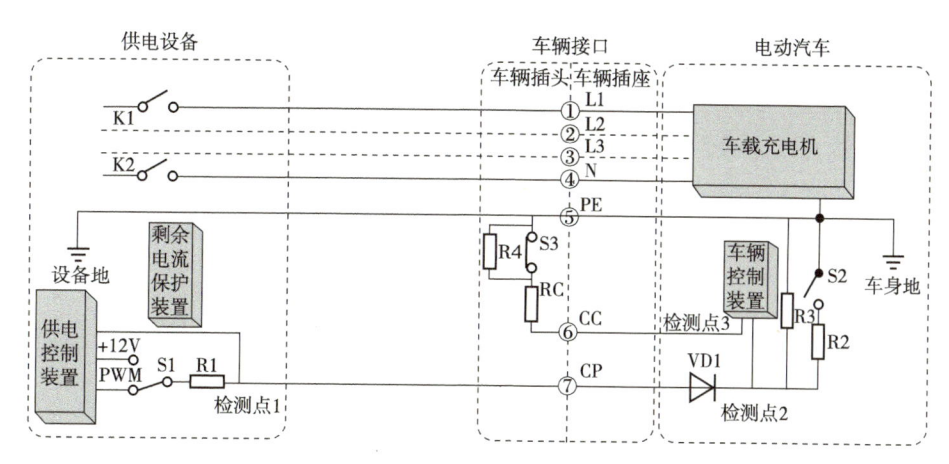

图 3-17 交流充电插座线路原理图

（2）当供电设备充电导引装置判断自身无故障时，充电设备内部的开关 S1 切换至 PWM 端，充电设备输出可调节的幅值为 12 V 左右的 PWM 占空比信号至 CP 线路上并保持，占空比与供电设备可提供的最大连续电流值具有相关性。充电设备输出幅值为 12 V 左右的 PWM 占空比信号被 OBC 内部充电导引装置中串联在 CP 线路上的整流二极管整流，被并联在 CP 线路上电阻 R3 拉低至幅值为 +9 V 左右的 PWM 占空比信号并保持。

（3）当车载充电机通过检测点 2 的波形信号判断供电设备自检通过后，会进行自身自检，自检通过后控制 S2 开关闭合，通过电阻 R2、开关 S2 将 CP 线路搭铁，此时 R2 和 R3 并联，使线路搭铁电阻减小，随即充电设备输出幅值为 12 V 左右的 PWM 占空比信号，被 OBC 内部充电导引装置中串联在 CP 线路上的整流二极管整流，被并联在 CP 线路上电阻 R2 和 R3 拉低至幅值为 +6 V 左右的 PWM 占空比信号并保持，此时 OBC 将检测到的 CP 线路上检测点 2 的 +6 V 左右 PWM 波形幅值与 OBC 内部所存储的信号幅值进行比对。OBC 在 3 s 内对检测点 2 的 +6 V 左右 PWM 波形幅值持续检测，同时再次自检系统内故障信号、BMS、DC-DC 变换器/MCU、VCU、BCM① 等状态。如果状态正常，OBC 发送充电功能启动信号，BMS 接收到此信号后准备接通主负、主正继电器工作，同时 BMS 根据动力蓄电池温度信号发送动力蓄电池热管理信号（预热、预热/充电、充电）需求至空调控制器。

（4）供电设备控制继电器 K 和 K2 闭合，接通交流供电回路。

如果该信号出现异常，则会造成慢充系统无法正常充电。

---

① 车身控制模块（Body Control Module，BCM）。

二、故障诊断前准备

（1）在进行故障检测前，判断周围环境是否干燥、有无灭火器材等。
（2）检测前做好安全防护准备工作（例如绝缘手套、护目镜、绝缘鞋等的检查与穿戴）。
（3）在进行交流充电 CP 信号故障的诊断与排除操作时，做好车辆充电系统的检查工作。
（4）使用绝缘电阻测试仪、万用表等，必须提前校正仪器的准确性。
（5）对检测所获得的数据，必须认真记录、准确计算、仔细分析，保证检测的准确性、快捷性。

三、工具准备

交流充电 CP 信号故障检测与诊断工具准备清单如表 3-4 所示。

表 3-4　交流充电 CP 信号故障检测与诊断工具准备清单

类型	名称	规格	图示	应用
防护工具	绝缘手套	绝缘		安全准备
	护目镜	绝缘		安全准备
	安全帽	绝缘		安全准备
检测工具	诊断仪	X431		实训操作
	万用表	优利德		
	示波器	优利德		
	兆欧表	FLUKE		

四、故障分析

(一) 故障现象

一辆吉利 EV450 故障表现为仪表正常点亮、桩端无法刷卡、充电指示灯不亮。故障现象如图 3-18 至图 3-19 所示。

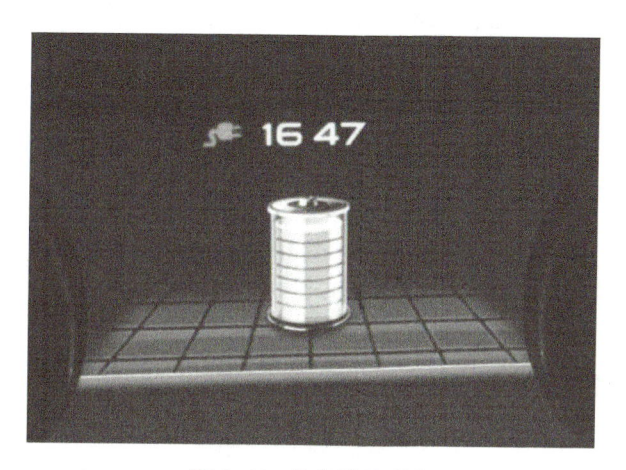

图 3-18 仪表故障现象

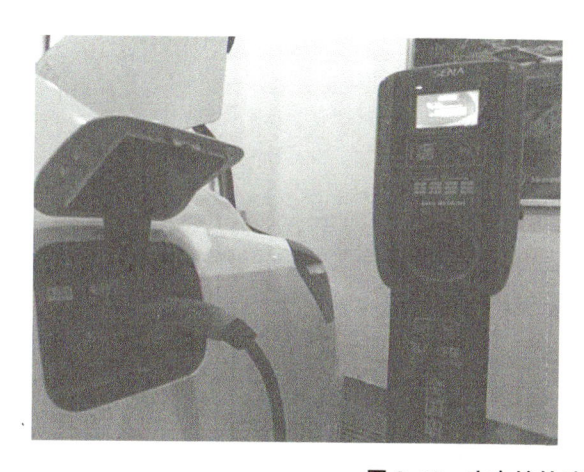

图 3-19 充电桩故障现象

(二) 模块通信状态及故障码检查

1. 故障码文字描述

无相关故障码。

2. 故障诊断仪显示

故障诊断仪显示如图 3-20 所示。

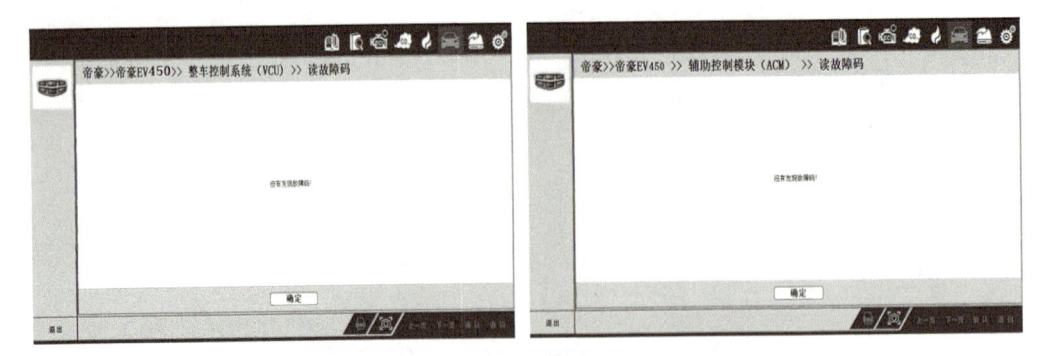

图 3-20 分别读取 VCU 故障码、ACM 故障码

3. 相关数据流文字描述

ACM 检测充电口 CC 信号已连接，CP 信号未连接。

4. 相关数据流故障诊断仪显示

相关数据流故障诊断仪显示如图 3-21 所示。

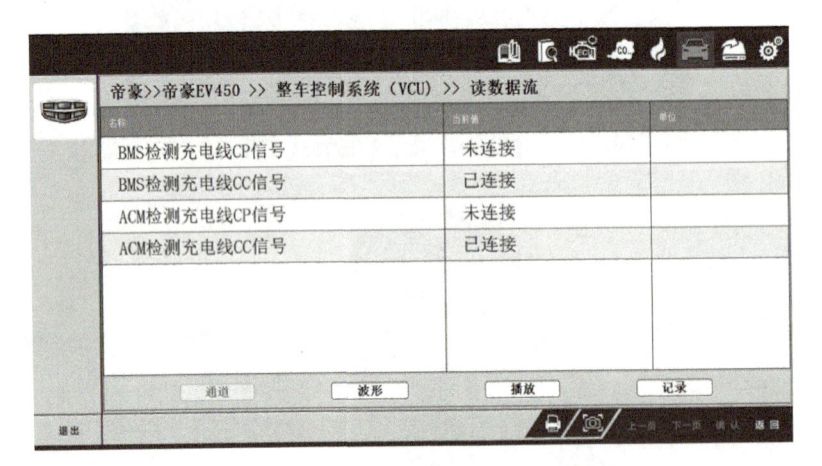

图 3-21 故障诊断仪显示数据流

(三) 确认故障范围

桩端 CP、PE，车端交流充电口插座 CP、PE，SO87/CP 端线路。

五、检测步骤

根据故障范围分步骤进行线路流程检测。

(一) 检测分析

根据故障现象以及诊断仪数据流显示情况，故障范围缩小至 CP 信号线路，在插入充电枪时，仪表显示充电连接状态，相继读取数据流的同时观察到 VCM 及 BMS 报出的

CC 信号已连接、CP 信号未连接的数据，由此便可确定故障为 CP 信号线路故障。

（二）检测电路图

需要检测的电路图如图 3-22 所示。

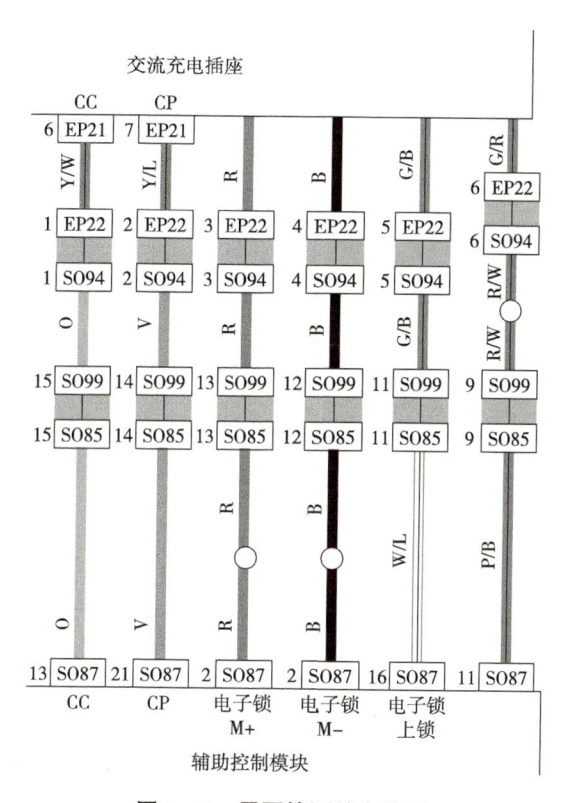

图 3-22 需要检测的电路图

（三）具体检测过程

故障诊断与排除准备工作完毕之后，整个诊断过程如图 3-23 至图 3-28 所示。

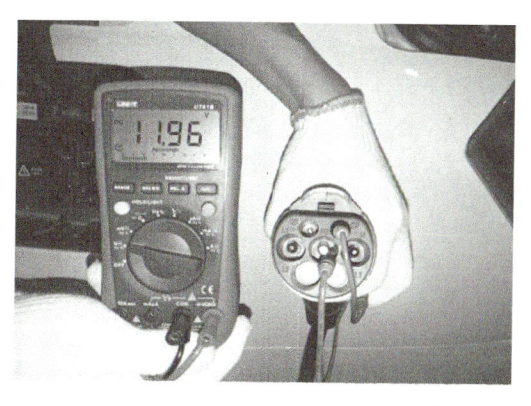

图 3-23 测量桩端 CP 与 PE 之间电压值（正常为 12 V）

图 3-24 车辆下电，断开低压电源负极

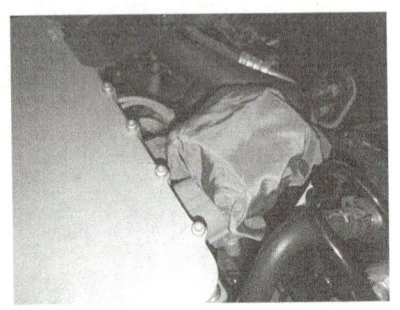

图 3-25 断开高压连接部件，静置 5 min

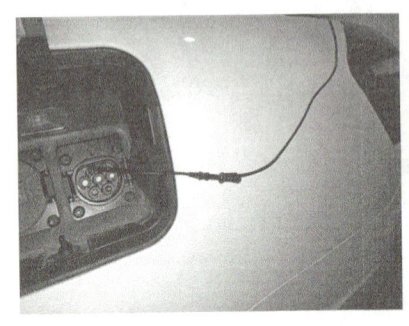

图 3-26 测量 SO87/21 到车端 CP 之间电阻值（正常为 0.1 Ω）

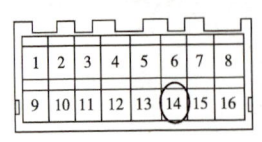

图 3-27 测量 SO99/14 到车端 CP 之间电阻值

项目三　新能源汽车充电系统

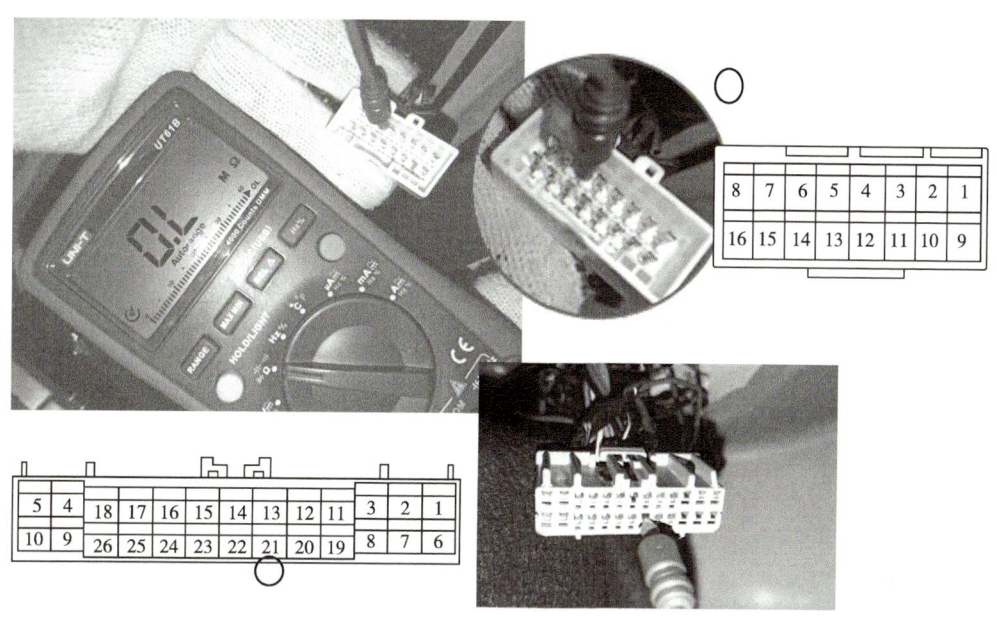

图 3-28　测量 SO85/14 到 SO87/21 之间电阻值

根据故障码以及数据流显示可以判断 CC 信号线没有出现故障，CP 充电确认线显示未连接。此时可将故障范围锁定在 CP 信号线上。断开高低压供电测量 SO87/21 到 CP 端之间的电阻值，结果为无穷大。分段测量，测量 SO85/14 线段到 SO87/21 之间时电阻无穷大，判断为线路断路故障。

六、填写工单

交流充电 CP 信号故障检测与诊断任务工单如表 3-5 所示。

表 3-5　交流充电 CP 信号故障检测与诊断任务工单

交流充电 CP 信号故障诊断与排除		工作任务单	班级：
			姓名：
1. 学习任务 一辆吉利 EV450 电动汽车可以正常行驶，快充正常，但无法对车辆进行交流充电。请你在约定时间内对车辆进行诊断与维修，并给车主提出用车建议			
任务		自测标准	学习建议
资料准备	防护装备	车内外三件套	工欲善其事，必先利其器。完成学习任务的第一步是熟悉并掌握新能源汽车维护相关的工具设备，做好准备工作
	实训车辆	实训车辆等	
	工具设备	防护工具、绝缘工具等	
	辅助资料	汽车维修手册、教材	

续表

任务	自测标准		学习建议
实施步骤	带电测量	测量桩端 CP 与 PE 之间电压值	根据故障现象以及诊断仪数据流显示情况，故障范围缩小至 CP 信号线路。在插入充电枪时，仪表显示充电连接状态，相继读取数据流的同时观察到 VCM 及 BMS 报出的 CC 信号已连接、CP 信号未连接的数据，由此便可确定故障为 CP 信号线路故障
	下电操作	车辆下电，断开低压电源负极	
	电阻测量	测量 SO87/21 到车端 CP 之间电阻值	
	测量诊断	测量 SO85/14 到 SO87/21 之间电阻值	
	故障验证	慢充充电故障验证	

2. 学习笔记

(1) 吉利 EV450 交流充电插座线路原理。

(2) 吉利 EV450 交流充电 CP 信号故障分析。

(3) 吉利 EV450 交流充电 CP 信号故障排除步骤。

七、任务评价

交流充电 CP 信号故障诊断与排除任务综合能力评价表如表 3-6 所示。

表 3-6　交流充电 CP 信号故障诊断与排除任务综合能力评价表

学习任务名称			学习时间			
班级			学习团队			
评价指标		评价情况	否定结果原因	自评	互评	师评
1	学习态度	□优秀　□良好　□一般　□差				
2	知识学习	□优　□良　□中　□差				
3	技能学习	□优　□良　□中　□差				
4	流程编制	□优化　□合理　□一般　□不合理				
5	程序编制	□优化　□合理　□一般　□不合理				
6	完成时间	□提前　□准时　□延后　□未完成				
7	测验质量	□合格　□不良　□返修　□报废				

续表

评价指标		评价情况			否定结果原因	自评	互评	师评
8	成果展示	□清晰流畅	□需要补充	□不清晰流畅				
9	操作方法	□正确	□部分正确	□不正确				
10	安全规范	□很好 □好	□较好	□不好				
11	7S管理	□很好 □好	□较好	□不好				
12	分工协作	□很好 □好	□较好	□不好				
13	沟通交流	□很好 □好	□较好	□不好				
14	问题解决	□及时	□较及时	□不及时				
15	创新精神	□优秀 □良好	□一般	□不足				
16	规划掌控	□很好 □好	□较好	□不好				

学习任务完成自评总结（团队）		亮点优点	
		缺点不足	

团队评价	团队自评	□优 □良 □中 □差	团队互评	□优 □良 □中 □差

学生个人评价	姓名	项目															
		1	2	3	4	5	6	7	8	9	10	11	12	13	14	15	16

审定意见	学习组长 年 月 日	指导教师 年 月 日	教研组长 年 月 日

八、拓展学习

（一）学习感想交流

新能源汽车未来全面取代燃油车已经是大势所趋，至于到底需要多长的时间，则取决于新能源汽车的技术发展。目前解决续航里程焦虑的方向主要有两个：提升电池容量和提升充电速度。相比增加电池容量，提升充电速度及布局更多充电站显然更加可行。好比燃油车的方便并不是来自其油箱大，而是遍地都是加油站，加满油仅需几

分钟时间。

吉利旗下的威睿能源 600 千瓦超充技术已经问世，该技术可实现充电 5 分钟续航 300 公里。

将你的感想分享给老师和同学吧！

(二) 课后作业

(1) 进行下一任务 OBC 模块线路故障诊断与排除学习信息收集和筛选以及资源的准备。

(2) 进行下一任务 OBC 模块线路故障诊断与排除学习设备和工具的准备。

任务三　OBC 模块线路故障诊断与排除

【案例引入】

一辆吉利 EV450 电动汽车出现高压不能上电，车辆 READY 灯不亮，动力故障灯点亮等现象。请你在约定时间内对车辆进行诊断与维修，并给车主提出用车建议。

【任务目标】

学习目标

1. 正确运用万用表、示波器、诊断仪等常见设备
2. 对线路原理图进行准确识读和分析
3. 对常见充电故障进行诊断与排除
4. 具备学习新标准、新政策的能力

素养目标

1. 能够在工作过程中与小组其他成员合作、交流，形成团队合作意识，锻炼沟通能力
2. 养成 7S 的工作习惯
3. 养成服从管理、规范作业的良好工作习惯
4. 提高与时俱进、不断学习的意识
5. 增强诚信意识

【任务实施】

一、知识准备

当 CC 和 CP 信号完全正常后，OBC 启动充电模式，并将此信号发送至 BMS、VCU、DC-DC 变换器、MCU、组合仪表、BCM 等。

BMS 对系统低压供电、蓄电池温度、SOC 值、单体蓄电池信号等进行自检，同时对主负、主正、预充继电器进行粘连检测。系统自检正常后，通过 P-CAN 总线将系统正常信号发送至总线网络，图 3-29 为总线通信线路原理图。

如果 BMS 在自检过程中出现低压供电、蓄电池温度、SOC 值、单体蓄电池信号、继电器等异常，将通过 P-CAN 总线发送异常信号，系统停止充电流程，同时保存故障信号并生成故障码存储，停止启动充电。

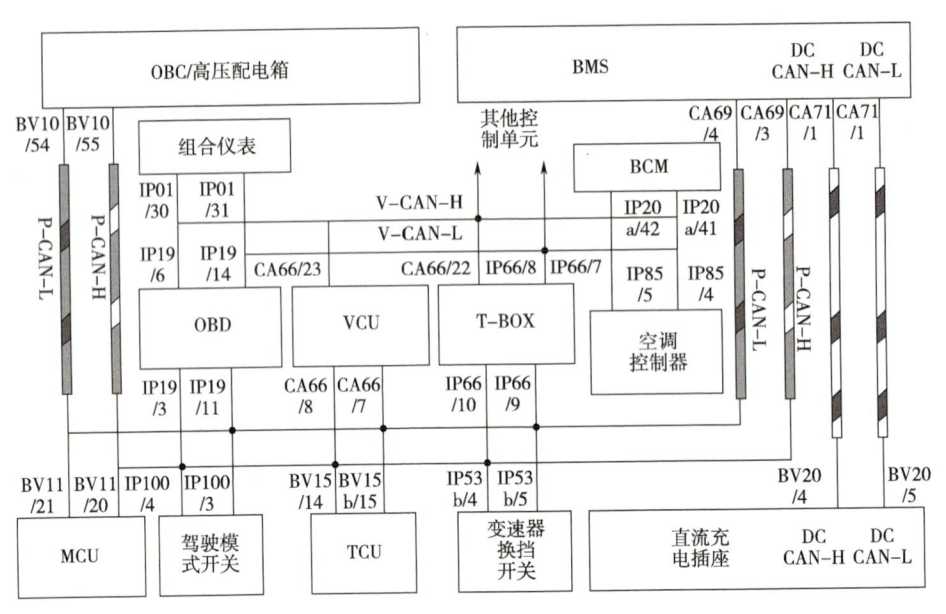

图 3-29 总线通信线路原理图

OBC、BMS、DC-DC 变换器、P-CAN 总线被激活，进入数据交换阶段（配置阶段）。BMS 向 OBC 发送动力蓄电池最高允许充电电压、最高允许充电电流、慢充系统标称总能量、最高允许充电总电压、最高允许温度、慢充系统荷电状态、慢充系统总电压、动力蓄电池组温度等参数信号，向 MCU 发送 MCU 禁止启动命令，向空调控制器、VCU 发送蓄电池预热或冷却启动信号。

在充电过程中禁止移动车辆，如果连接充电枪后，车载充电机启动充电模式并唤醒总线，VCU 唤醒并接收到启动充电模式后，需通过专用导线发送高电位至 DC-DC 变换器/MCU，MCU 接收到此信号后将启动驱动电机禁行模式，并通过 P-CAN 总线将禁行信号发送至 OBC 及 VCU，OBC 和 VCU 接收到此信号后才会启动充电模式。如果此禁行信号或禁行信号传输线路出现异常，将导致车辆无法充电，充电口红色故障指示灯被 OBC 激活点亮。

二、故障诊断前准备

（1）在进行故障检测前，判断周围环境是否干燥、有无灭火器材等。

（2）检测前做好安全防护准备工作（例如绝缘手套、护目镜、绝缘鞋等的检查与穿戴）。

（3）在进行 OBC 模块线路故障的诊断与排除操作时，做好车辆充电系统的检查工作。

（4）使用绝缘电阻测试仪、万用表等，必须提前校正仪器的准确性。

（5）对检测所获得的数据，必须认真记录、准确计算、仔细分析，保证检测的准确性、快捷性。

三、工具准备

OBC 模块线路故障诊断与排除工具准备清单如表 3-7 所示。

表 3-7　OBC 模块线路故障诊断与排除工具准备清单

类型	名称	规格	图示	应用
防护工具	绝缘手套	绝缘		安全准备
防护工具	护目镜	绝缘		安全准备
防护工具	安全帽	绝缘		安全准备
检测工具	诊断仪	X431		实训操作
检测工具	万用表	优利德		实训操作
检测工具	示波器	优利德		实训操作
检测工具	兆欧表	FLUKE		实训操作

四、故障分析

（一）故障现象

一辆吉利 EV450 的故障表现为高压不能上电，车辆 READY 灯不亮，动力故障灯点亮。故障现象如图 3-30 所示。

图 3-30 仪表故障现象

(二) 模块通信状态及故障码检查

1. 故障码文字描述

VCU 显示 OBC 车载充电机报文循环错误，根据这一故障码，针对 OBC 模块展开排查，选中 OBC 模块后，系统显示无法进入。

2. 故障诊断仪显示

故障诊断仪显示如图 3-31、图 3-32 所示。

图 3-31 故障诊断仪显示的 VCU 故障码

3. 相关数据流文字描述

当电源线出现故障时，数据流读取如图 3-33 所示。

(三) 确认故障范围

OBC 车载充电机供电、通信、唤醒信号线、元器件本身以及相关保险、继电器。

图 3-32 故障诊断仪显示的 OBC 故障码

图 3-33 读取 VCU 数据流

五、检测步骤

根据故障范围分步骤进行线路流程检测。

(一) 检测分析

根据故障码显示，故障主要集中在 OBC 的供电、通信、唤醒信号上。OBC 搭铁线为壳体内部搭铁，主要出于充电安全考虑，即使断掉 OBC 模块的搭铁线后，也没有任何故障现象，车辆上电和工作均为正常，所以故障中无法涉及。

(二) 检测电路图

需要检测的电路图如图 3-34 所示。

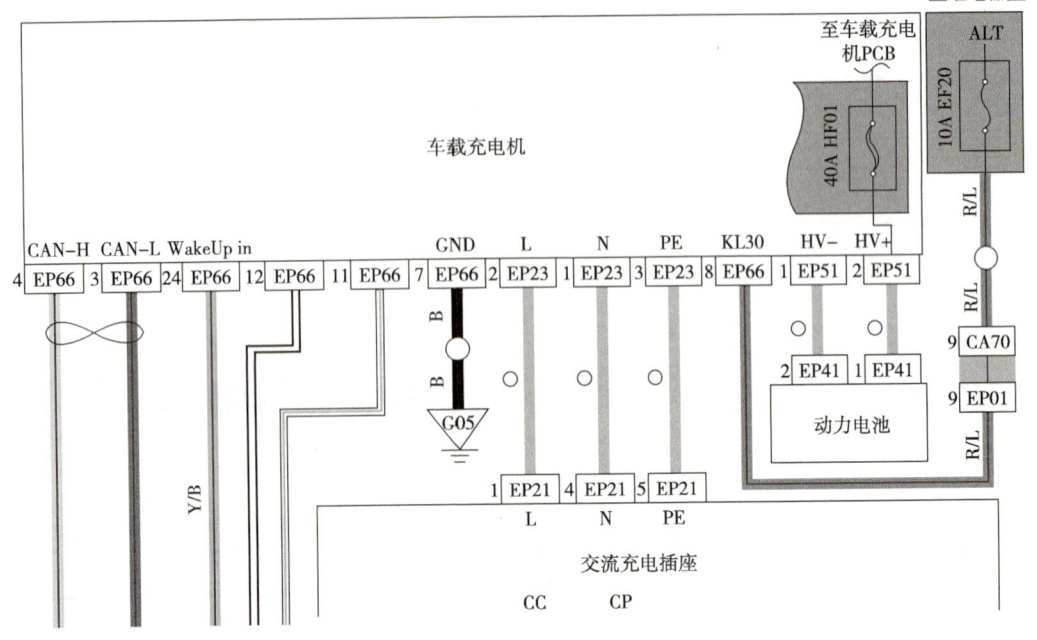

图 3-34 需要检测的电路图

(三) 具体检测过程

整个诊断过程如图 3-35 至图 3-41 所示。

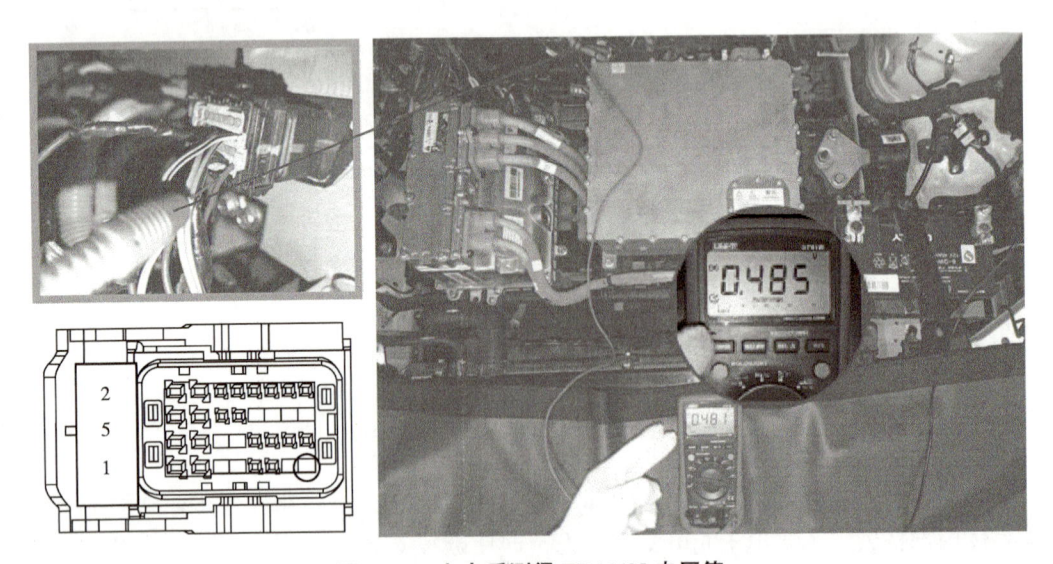

图 3-35 上电后测得 EP66/08 电压值

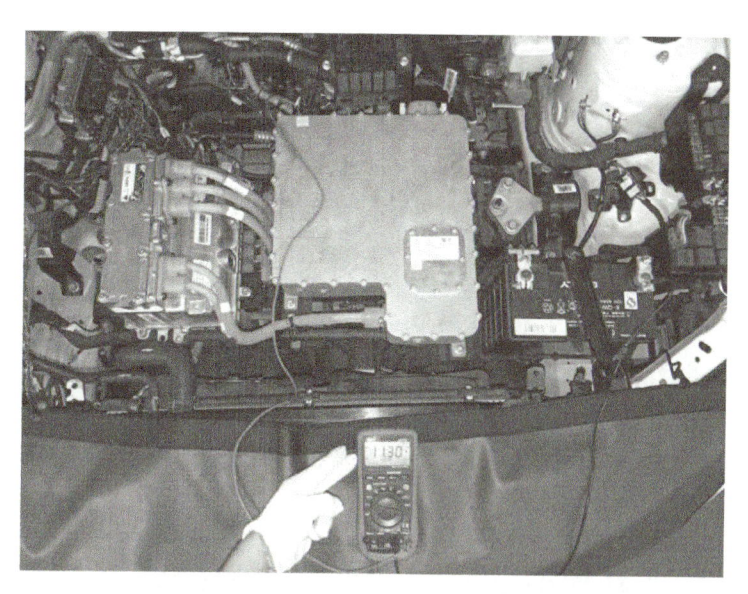

图 3-36　EP66/08 电源线正常上电后的值为 11.30 V

图 3-37　车辆下电，断开低压电源负极

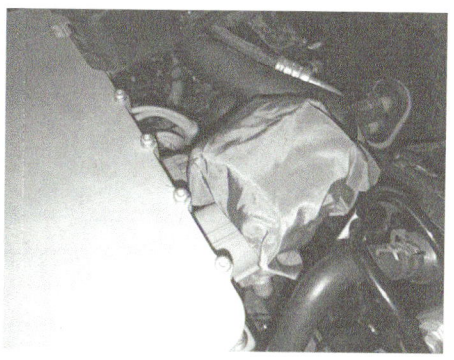

图 3-38　断开高压连接部件，静置 5 min

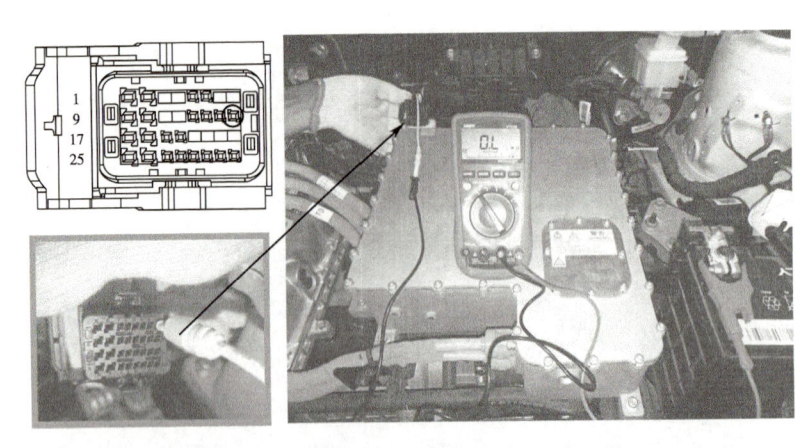

图 3-39 测量 EP66/8 线到 B+ 之间电阻值

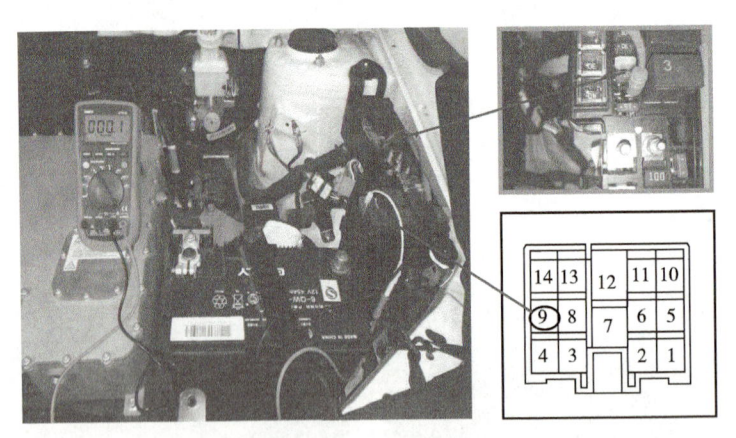

图 3-40 测量 EF20 输出端到 CA70/9 线之间电阻值（0.1 Ω）

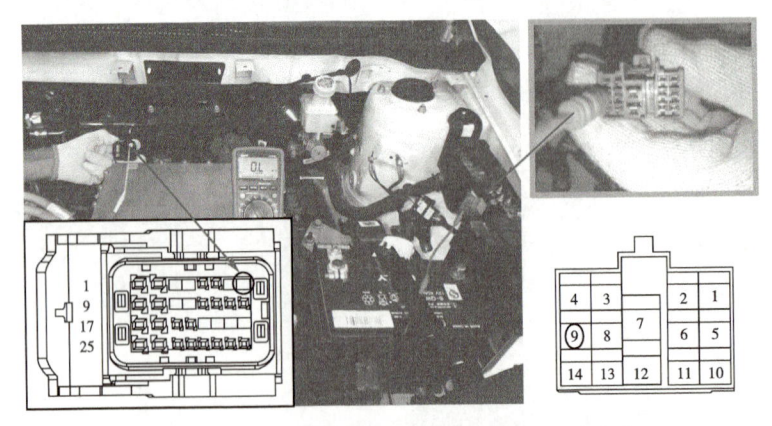

图 3-41 EP01/9 到 EP66/8 之间电阻值（无穷大）

根据解码仪所给的故障码，故障可能存在于 OBC 的电源、搭铁、通信以及自身四个方面。首先用背插测量电压法进一步缩小故障范围，测量到 OBC 电源时电压只有 0.4 V，说明不正常，正常电压应该处于 11~14 V。然后再进一步缩小范围，用电阻法分段测量该线路中各个插接器、线路的连接情况，最终故障锁定在 EP01/9 到 EP66/8 之间线路上，为线路断路。

六、填写工单

OBC 模块线路故障诊断与排除任务工单如表 3-8 所示。

表 3-8　OBC 模块线路故障诊断与排除任务工单

OBC 模块线路故障诊断与排除		工作任务单	班级：
			姓名：
1. 学习任务 一辆吉利 EV450 电动汽车出现高压不能上电，车辆 READY 灯不亮，动力故障灯点亮等现象。请你在约定时间内对车辆进行诊断与维修，并给车主提出用车建议			
任务		自测标准	学习建议
资料准备	防护装备	车内外三件套	工欲善其事，必先利其器。完成学习任务的第一步是熟悉并掌握新能源汽车维护相关的工具设备，做好准备工作
	实训车辆	实训车辆等	
	工具设备	防护工具、绝缘工具等	
	辅助资料	汽车维修手册、教材	
实施步骤	带电测量	上电后测得 EP66/08 号电压值	根据故障码显示，故障主要集中在 OBC 的供电、通信、唤醒信号上，OBC 搭铁线为壳体内部搭铁。这主要是出于充电安全考虑，即使断掉 OBC 模块的搭铁线后，也没有任何故障现象，车辆上电和工作均为正常，所以故障中无法涉及
	下电操作	车辆下电，断开低压电源负极	
	电阻测量	测量 EP66/8 线到 B＋之间电阻值	
	测量诊断	测量 EF20 输出端到 CA70/9 线之间电阻值	
	故障验证	慢充充电故障验证	
2. 学习笔记			
（1）吉利 EV450 OBC 模块原理。			
（2）吉利 EV450 OBC 模块故障分析。			
（3）吉利 EV450 OBC 模块故障排除步骤。			

七、任务评价

OBC 模块线路故障诊断与排除任务综合能力评价表如表 3-9 所示。

表 3-9　OBC 模块线路故障诊断与排除任务综合能力评价表

学习任务名称			学习时间			
班级			学习团队			
评价指标		评价情况	否定结果原因	自评	互评	师评
1	学习态度	□优秀　□良好　□一般　□差				
2	知识学习	□优　□良　□中　□差				
3	技能学习	□优　□良　□中　□差				
4	流程编制	□优化　□合理　□一般　□不合理				
5	程序编制	□优化　□合理　□一般　□不合理				
6	完成时间	□提前　□准时　□延后　□未完成				
7	测验质量	□合格　□不良　□返修　□报废				
8	成果展示	□清晰流畅　□需要补充　□不清晰流畅				
9	操作方法	□正确　□部分正确　□不正确				
10	安全规范	□很好　□好　□较好　□不好				
11	7S 管理	□很好　□好　□较好　□不好				
12	分工协作	□很好　□好　□较好　□不好				
13	沟通交流	□很好　□好　□较好　□不好				
14	问题解决	□及时　□较及时　□不及时				
15	创新精神	□优秀　□良好　□一般　□不足				
16	规划掌控	□很好　□好　□较好　□不好				

学习任务完成自评总结（团队）				亮点优点	
				缺点不足	

团队评价	团队自评	□优　□良　□中　□差	团队互评	□优　□良　□中　□差

学生个人评价	姓名	项目															
		1	2	3	4	5	6	7	8	9	10	11	12	13	14	15	16

审定意见	学习组长	指导教师	教研组长
	年　月　日	年　月　日	年　月　日

八、拓展学习

（一）学习感想交流

随着新能源汽车市场的发展与繁荣，提升新能源汽车续航里程成为行业的主要任务之一。在动力电池能量密度难以持续增加的情况下，降低车用部件重量成了提升续航里程的首选方案。OBC 作为新能源汽车的核心部件之一，其效率、功率密度等参数对新能源汽车充电时间和续航里程具有一定影响。以碳化硅功率器件替代硅器件对 OBC 功率密度提升和重量降低的效果显著。

将你的感想分享给老师和同学吧！

（二）课后作业

（1）进行下一任务 MCU 唤醒线路故障诊断与排除学习信息收集和筛选以及资源的准备。

（2）进行下一任务 MCU 唤醒线路故障诊断与排除学习设备和工具的准备。

任务四　MCU 唤醒线路故障诊断与排除

【案例引入】

一辆吉利 EV450 电动汽车出现仪表正常点亮、充电桩无电流输出、车端充电指示灯绿色闪烁四下、红灯常亮等现象。请你在约定时间内对车辆进行诊断与维修，并给车主提出用车建议。

【任务目标】

技能目标

1. 正确运用万用表、示波器、诊断仪等常见设备
2. 对线路原理图进行准确识读和分析
3. 对常见充电故障进行诊断与排除
4. 具备学习新标准、新政策的能力

素养目标

1. 能够在工作过程中与小组其他成员合作、交流，形成团队合作意识，锻炼沟通能力
2. 养成 7S 的工作习惯
3. 养成服从管理、规范作业的良好工作习惯
4. 提高与时俱进、不断学习的意识
5. 增强诚信意识

【任务实施】

一、知识准备

在充电过程中禁止移动车辆，连接充电枪后，OBC 启动充电模式并唤醒总线，VCU 唤醒并接收到启动充电模式后，需通过专用导线发送高电位至 DC-DC 变换器/MCU，MCU 接收到此信号后将启动驱动电机禁行模式，并通过 P-CAN 总线将禁行信号发送至 OBC 及 VCU，OBC 和 VCU 接收到此信号后才会启动充电模式。如果此禁行信号或禁行信号传输线路出现异常，将导致车辆无法充电，充电口红色故障指示灯被 OBC 激活点亮。图 3-42 为 DC-DC 变换器/MCU 唤醒控制线路原理图。

当打开点火开关至 ON 挡或连接充电枪时，VCU 通过 CA66/16 端子输出+B 信号至

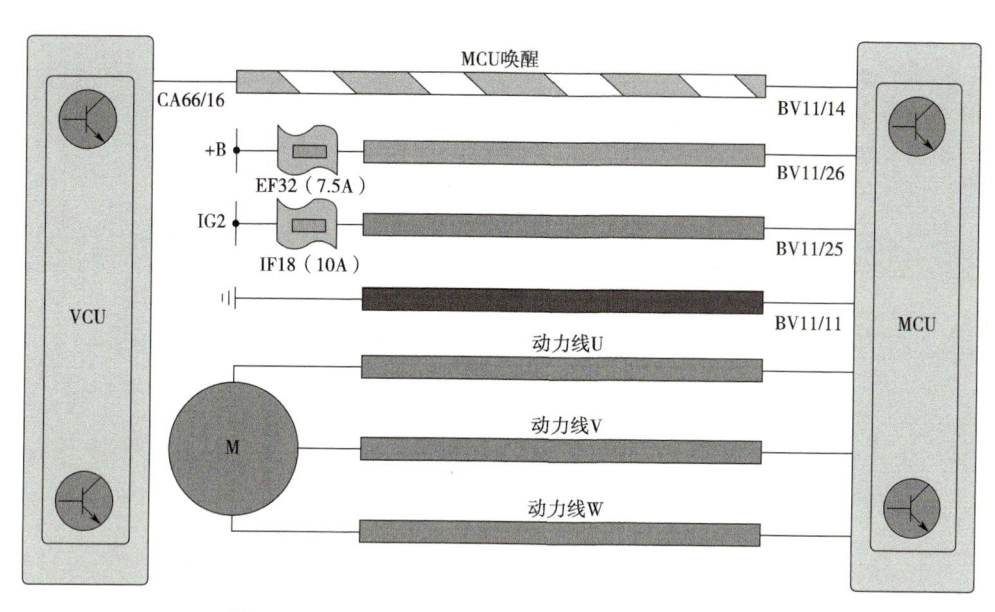

图 3-42 DC-DC 变换器/MCU 唤醒控制线路原理图

MCU 的 BV11/14 端子，MCU 内部检测到此端子上的+B 信号后，激活唤醒。此信号对于 MCU 有两个作用：

（1）打开点火开关至 ON 挡时，MCU 检测到此信号，同时通过 BV11/25 端子检测到点火开关的 IG 信号，MCU 判定点火开关已打开，车辆进入启动运行状态，MCU 进入车辆启动运行模式。

（2）连接充电枪至车辆充电口，OBC 和 VCU 启动充电模式，VCU 通过 CA66/16 端子输出+B 电压信号，MCU 检测此信号，但此时由于点火开关关闭，MCU BV11/25 端子电压为 0，MCU 根据这两个信号判定此时点火开关没有打开，车辆进入充电模式，MCU 启动车辆禁止运行模式，限制车辆行驶功能。

二、故障诊断前准备

（1）在进行故障检测前，判断周围环境是否干燥、有无灭火器材等。

（2）检测前做好安全防护准备工作（例如绝缘手套、护目镜、绝缘鞋等的检查与穿戴）。

（3）在进行 MCU 唤醒线路故障的诊断与排除操作时，做好车辆充电系统的检查工作。

（4）使用绝缘电阻测试仪、万用表等，必须提前校正仪器的准确性。

（5）对检测所获得的数据，必须认真记录、准确计算、仔细分析，保证检测的准确性、快捷性。

三、工具准备

MCU 唤醒线路故障检测与诊断工具准备清单如表 3-10 所示。

表 3-10 MCU 唤醒线路故障检测与诊断工具准备清单

类型	名称	规格	图示	应用
防护工具	绝缘手套	绝缘		安全准备
防护工具	护目镜	绝缘		安全准备
防护工具	安全帽	绝缘		安全准备
检测工具	诊断仪	X431		实训操作
检测工具	万用表	优利德		实训操作
检测工具	示波器	优利德		实训操作
检测工具	兆欧表	FLUKE		实训操作

四、故障分析

（一）故障现象

一辆吉利 EV450 的故障表现为仪表正常点亮，充电桩无电流输出，车端充电指示灯绿色闪烁四下，红灯常亮。故障现象如图 3-43 所示。

（二）模块通信状态及故障码检查

1. 故障码文字描述

诊断仪 VCU 报充电过程中 BMS 状态既非充电也非结束充电。

项目三 新能源汽车充电系统

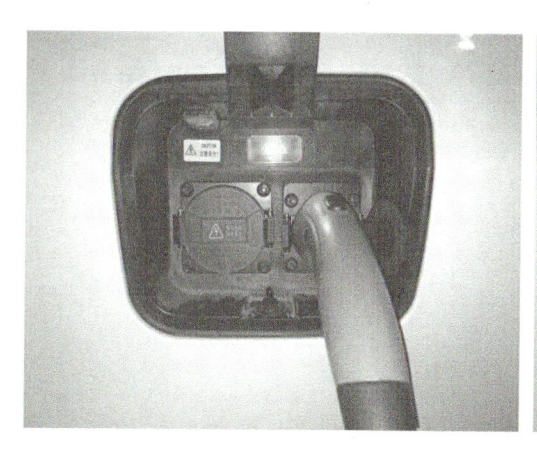

图 3-43 充电指示灯在绿色状态下连续闪烁四下后,变为红色常亮

2. 故障诊断仪显示

故障诊断仪显示如图 3-44 所示。

图 3-44 故障诊断仪显示

3. 相关数据流文字描述

根据数据流显示,BMS 经过 CC 连接后已经被唤醒,此时 CP 信号处于正常状态,被 ACM 以及 BMS 检测到充电确认信号,硬线唤醒时 DC/DC 状态无法向外输出信号,导致无法进入使能状态。

4. 相关数据故障诊断仪显示

相关数据流故障诊断仪显示如图 3-45 所示。

(三) 确认故障范围

DC-DC 变换器/MCU 控制器唤醒线路。

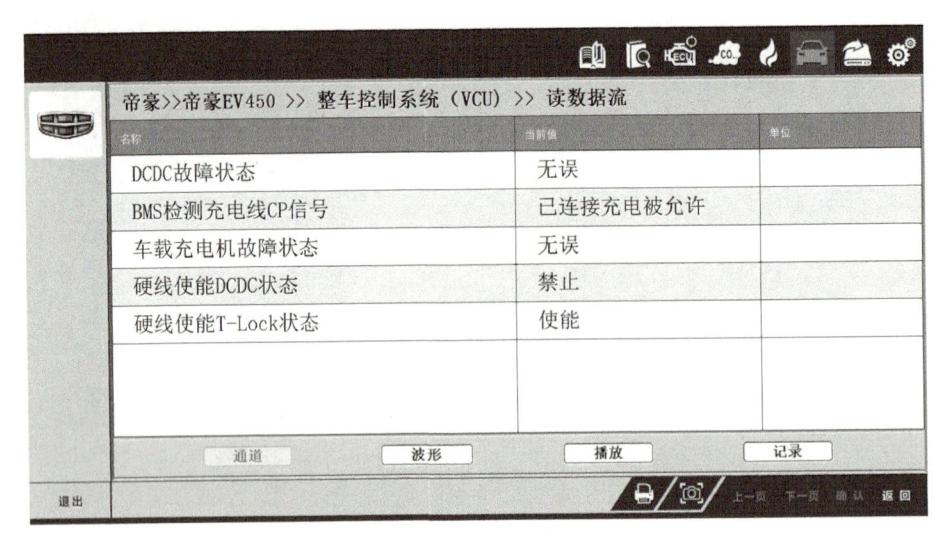

帝豪>>帝豪EV450 >> 整车控制系统（VCU）>> 读数据流		
名称	当前值	单位
DCDC故障状态	无误	
BMS检测充电线CP信号	已连接充电被允许	
车载充电机故障状态	无误	
硬线使能DCDC状态	禁止	
硬线使能T-Lock状态	使能	

图 3-45　故障诊断仪显示数据流

五、检测步骤

根据故障范围分步骤进行线路流程检测。

（一）检测分析

根据故障现象以及数据流可以判断 CC 以及 CP 线路无故障，将故障范围缩小到 DC-DC 变换器/MCU 控制器唤醒线路以及继电器本身上。

（二）检测电路图

需要检测的电路图如图 3-46 所示。

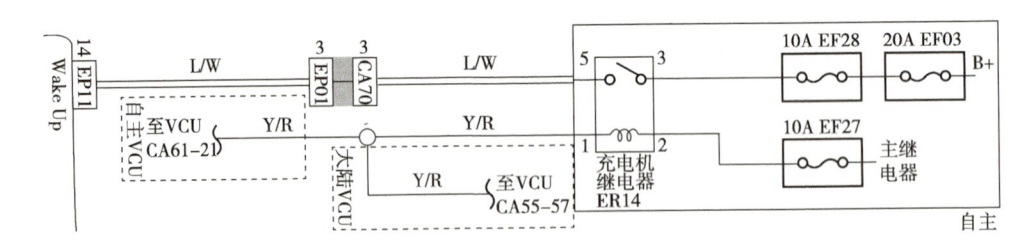

图 3-46　需要检测的电路图

（三）具体检测过程

故障诊断与排除准备工作完毕之后，整个检测过程如图 3-47 至图 3-52 所示。

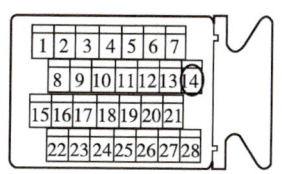

图 3-47 上电后测量 EP11/14 到搭铁之间电压值（正常电压为 12 V）

图 3-48 车辆下电，断开低压电源负极

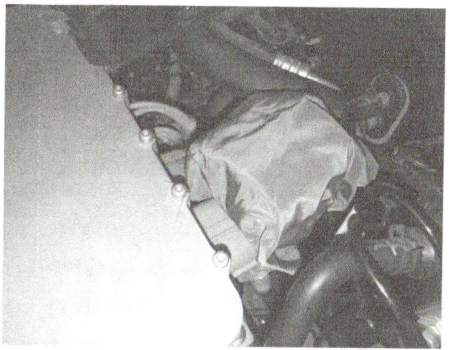

图 3-49 断开高压连接部件，静置 5 min

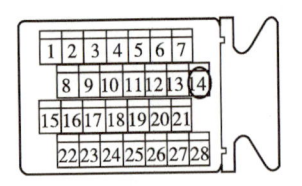

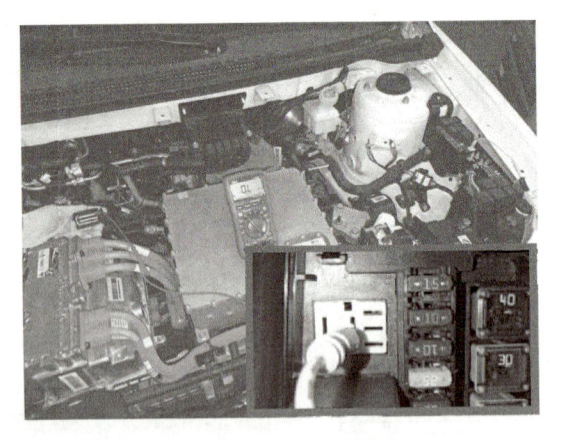

图 3-50 测量 EP11/14 到 ER14/5 之间电阻值（无穷大）

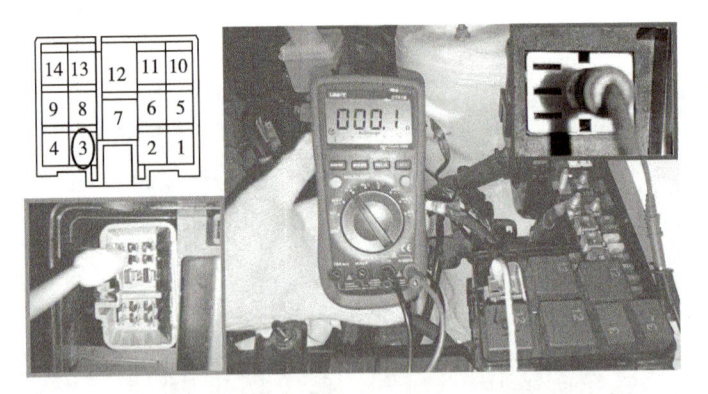

图 3-51 测量 ER14/5 到 CA70/3 之间电阻值

图 3-52 测量 EP01/3 到 EP11/14 之间电阻值（无穷大）

根据故障码以及数据流判断 CC 与 CP 线无故障，显示已连接，报出 DC/DC 唤醒故障，背插测量电压值，电压不正常，说明该线路存在故障。断开高低压供电后，测量该线路通断情况下节点 EP01/3 到节点 EP11/14 间线路间电阻无穷大，为线路断路故障。

六、填写工单

MCU 唤醒线路故障检测与诊断任务工单如表 3-11 所示。

表 3-11 MCU 唤醒线路故障检测与诊断任务工单

MCU 唤醒线路故障诊断与排除		工作任务单	班级：
			姓名：
1. 学习任务 一辆吉利 EV450 电动汽车可以正常行驶，快充正常，但无法对车辆进行交流充电。请你在约定时间内对车辆进行诊断与维修，并给车主提出用车建议			
任务	自测标准		学习建议
资料准备	防护装备	车内外三件套	工欲善其事，必先利其器。完成学习任务的第一步是熟悉并掌握新能源汽车维护相关的工具设备，做好准备工作
	实训车辆	实训车辆等	
	工具设备	防护工具、绝缘工具等	
	辅助资料	汽车维修手册、教材	
实施步骤	带电测量	上电后测量 EP11/14 到搭铁之间电压值	根据故障现象以及数据流可以判断 CC 以及 CP 线路无故障，将故障范围缩小到 DC-DC 变换器/MCU 控制器唤醒线路以及继电器本身上
	下电操作	车辆下电，断开低压电源负极	
	电阻测量	测量 EP11/14 到 ER14/5 之间电阻值	
	测量诊断	测量 EP01/3 到 EP11/14 之间电阻值	
	故障验证	慢充充电故障验证	
2. 学习笔记 （1）吉利 EV450MCU 唤醒线路原理。 （2）吉利 EV450MCU 唤醒线路故障分析。 （3）吉利 EV450MCU 唤醒线路故障排除步骤。 			

七、任务评价

MCU 唤醒线路故障检测与诊断任务综合能力评价表如表 3-12 所示。

表 3-12　MCU 唤醒线路故障检测与诊断任务综合能力评价表

学习任务名称			学习时间			
班级			学习团队			
评价指标		评价情况	否定结果原因	自评	互评	师评
1	学习态度	□优秀　□良好　□一般　□差				
2	知识学习	□优　□良　□中　□差				
3	技能学习	□优　□良　□中　□差				
4	流程编制	□优化　□合理　□一般　□不合理				
5	程序编制	□优化　□合理　□一般　□不合理				
6	完成时间	□提前　□准时　□延后　□未完成				
7	测验质量	□合格　□不良　□返修　□报废				
8	成果展示	□清晰流畅　□需要补充　□不清晰流畅				
9	操作方法	□正确　□部分正确　□不正确				
10	安全规范	□很好　□好　□较好　□不好				
11	7S 管理	□很好　□好　□较好　□不好				
12	分工协作	□很好　□好　□较好　□不好				
13	沟通交流	□很好　□好　□较好　□不好				
14	问题解决	□及时　□较及时　□不及时				
15	创新精神	□优秀　□良好　□一般　□不足				
16	规划掌控	□很好　□好　□较好　□不好				
学习任务完成自评总结（团队）			亮点优点			
			缺点不足			
团队评价	团队自评	□优　□良　□中　□差	团队互评	□优　□良　□中　□差		

学生个人评价	姓名	项目															
		1	2	3	4	5	6	7	8	9	10	11	12	13	14	15	16

审定意见	学习组长 　　年　月　日	指导教师 　　年　月　日	教研组长 　　年　月　日

八、拓展学习

（一）学习感想交流

根据国际能源署的数据，2023 年全球新能源车销量达到了创纪录的 1 000 万辆，增长迅速。许多国家和地区都在大力推动新能源汽车的发展，欧洲、美国、中国等成为主要的市场。

我国是全球最大的新能源汽车市场，产销量连续多年位居世界首位。2023 年，中国新能源汽车产销量分别达到 958.7 万辆和 949.5 万辆，占全部汽车销量的比例为 31.6%。

将你的感想分享给老师和同学吧！

（二）课后作业

（1）进行下一任务空调系统不制冷故障排除学习信息收集与筛选以及资源的准备。

（2）进行下一任务空调系统不制冷故障排除学习设备和工具的准备。

项目四　新能源汽车空调系统

　　汽车空调是汽车空气调节器的简称,通过对车内空气的温度、湿度、流速和清洁度等参数进行调节,使乘员感到舒适,并预防或去除挡风玻璃上的雾、霜与冰雪,保障乘员的健康和行车安全。

任务一　空调系统不制冷故障排除

【案例引入】

一辆吉利 EV450 电动汽车出现打开空调之后无法制冷、制热现象，客户开车到店维修。请你在约定时间内对车辆进行诊断与维修，并给车主提出用车建议。

【任务目标】

学习目标

1. 正确运用万用表、示波器、诊断仪等常见设备
2. 对线路原理图进行准确识读和分析
3. 对常见空调不制冷故障进行诊断与排除
4. 具备学习新标准、新政策的能力

素养目标

1. 能够在工作过程中与小组其他成员合作、交流，形成团队合作意识，锻炼沟通能力
2. 养成 7S 的工作习惯
3. 养成服从管理、规范作业的良好工作习惯
4. 提高与时俱进、不断学习的意识
5. 培养爱国情怀，提升民族自豪感

【任务实施】

一、知识准备

空调控制器是系统制冷、制热、通风、除霜以及热管理的中枢，它通过接收温度、开关、执行器电机位置、光照等信号，控制各执行器的运行。空调控制器的对外线路主要由供电电源和通信线路（LIN）组成，其中电源由两路组成：一路为 +B 电源，另一路为 IG 电源，如图 4-1 所示。

+B 电源也称为常火电源，主要为控制器提供不间歇性电源，防止单元内部存储的临时性数据及信号丢失，同时作为单元工作电源之一，保证空调系统和其他系统的 V-CAN、LIN 总线通信正常，并在车辆充电过程中保证整车热管理系统正常启动工作。如果此电源出现异常，将导致空调控制面板不能启动工作，车辆空调系统所有功能丧失。

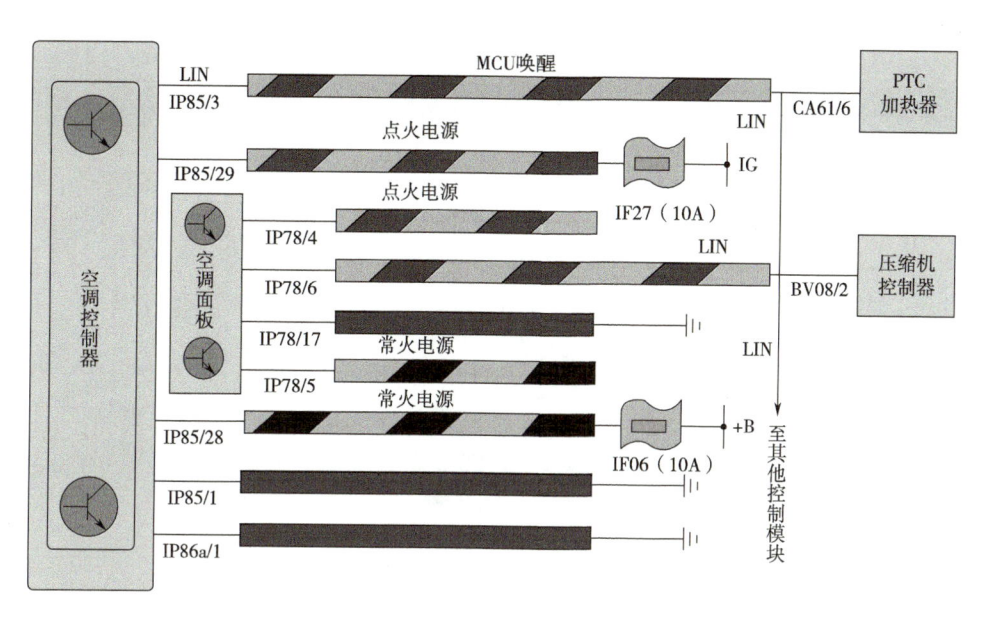

图 4-1　空调控制器电源线路原理图

IG 电源也称为点火电源，即此电源受点火开关状态控制。如果 IG 电源出现异常，将导致空调控制面板不能启动工作，车辆空调系统所有功能丧失。

空调控制器通过 LIN 总线与空调控制面板、空调压缩机控制器、PTC 加热器、三通电磁阀 AVB/C 等进行数据通信。如果空调控制器的 LIN 总线出现故障，将导致空调控制器无法获知面板需求信号，空调控制器将不启动运行，车辆空调系统所有功能丧失。

同时在充电时，空调控制器发送的热管理请求（充电预热、充电散热）无法传输至空调压缩机及控制器、PTC 加热器以及三通电磁阀 A/B/C，整车热管理功能失效。

二、故障诊断前准备

（1）在进行故障检测前，判断周围环境是否干燥、有无灭火器材等。

（2）检测前做好安全防护准备工作（例如绝缘手套、护目镜、绝缘鞋等的检查与穿戴）。

（3）在进行空调系统不制冷的故障诊断与排除操作时，做好车辆的检查工作。

（4）使用绝缘电阻测试仪、万用表等，必须提前校正仪器的准确性。

（5）对检测所获得的数据，必须认真记录、准确计算、仔细分析，保证检测的准确性、快捷性。

三、工具准备

空调系统不制冷故障诊断与排除工具准备清单如表 4-1 所示。

表 4-1 空调系统不制冷故障诊断与排除工具准备清单

类型	名称	规格	图示	应用
防护工具	绝缘手套	绝缘		安全准备
防护工具	护目镜	绝缘		安全准备
防护工具	安全帽	绝缘		安全准备
检测工具	诊断仪	X431		实训操作
检测工具	万用表	优利德		实训操作
检测工具	示波器	优利德		实训操作
检测工具	兆欧表	FLUKE		实训操作

四、故障分析

(一) 故障现象

一辆吉利 EV450 的故障表现为：打开空调之后无法制冷、制热。故障现象如图 4-2 所示。

图 4-2 打开空调之后无法制冷、制热，体感为自然风

（二）模块通信状态及故障码检查

1. 故障码文字描述

故障码文字描述为：P100811 高速风扇 VCU 控制的信号对地开路或短路，P100911 低速风扇 VCU 控制的信号对地开路或短路，等等。

查阅电路图册，首先将故障范围判定在 ER13 热管理继电器，ER18 唤醒继电器元件及线路，EF27 输入端到 B+线路及继电器元件，EF27 输出端到执行元件低速、元件高速及线路问题上。

2. 故障诊断仪显示

故障诊断仪显示如图 4-3 所示。

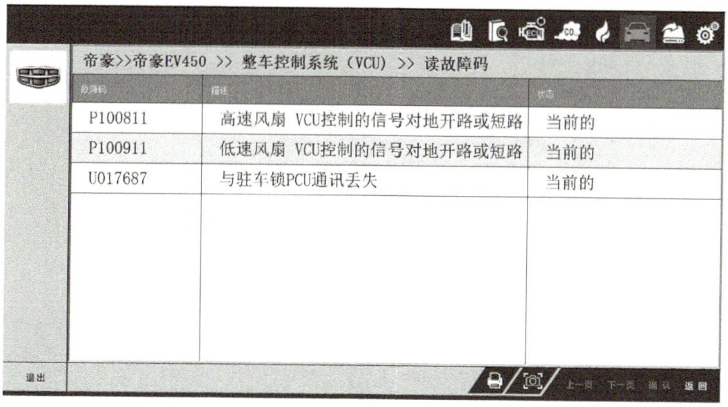

图 4-3 故障诊断仪显示

3. 相关数据流文字描述

从数据流上分析，空调处于"打开"状态时，压缩机功率并无消耗，工作状态也处于"关闭"状态；PTC 制热模块在打开的过程中，数据流显示其实际功率也并无消耗。所以导致高速、低速风扇无法正常工作，空调无法制冷、制热。

4. 相关数据流故障诊断仪显示

相关数据流故障诊断仪显示如图 4-4 所示。

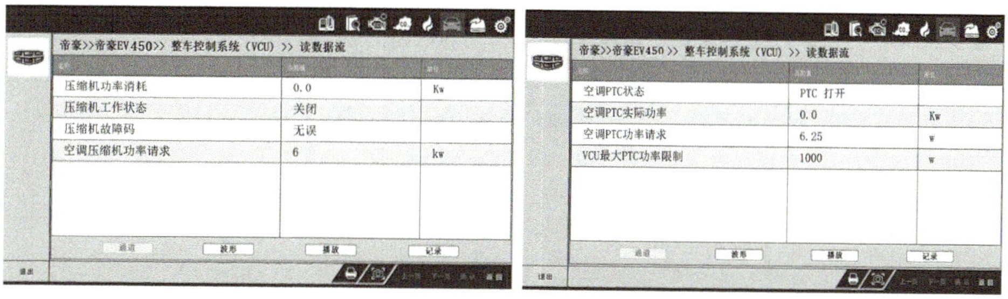

图 4-4 故障诊断仪数据流显示

(三) 确认故障范围

空调线路、保险、继电器。

五、检测步骤

根据故障范围分步骤进行线路流程检测。

(一) 检测步骤

根据故障码显示，排除 EF27 的输入端到 ER20 输出及 ER20 本身故障。因故障现象是无法制冷、制热，对于 ER13 继电器本身及相关保险，首先测量 ER13 继电器及相关线路保险，随后测量 EF27 输出端以后的线路以及排查保险本身、相关继电器。

(二) 检测电路图

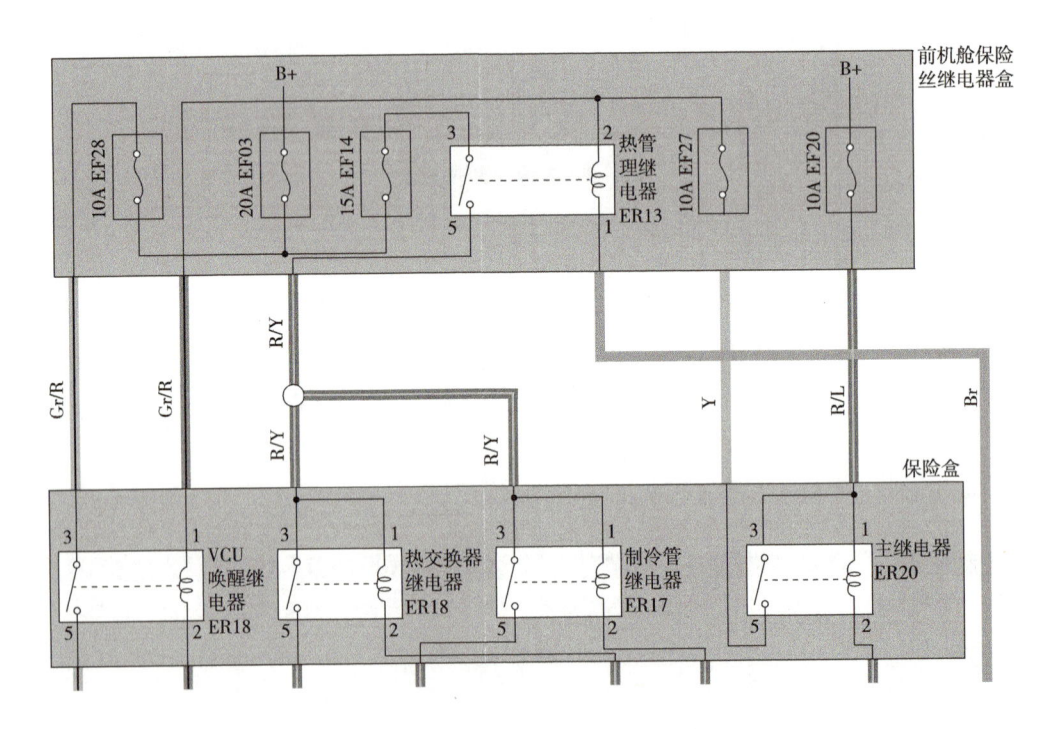

需要检测的电路图如图 4-5 所示。

(三) 具体检测过程

故障诊断与排除准备工作完毕之后，整个检测过程如图 4-6 至图 4-18 所示。

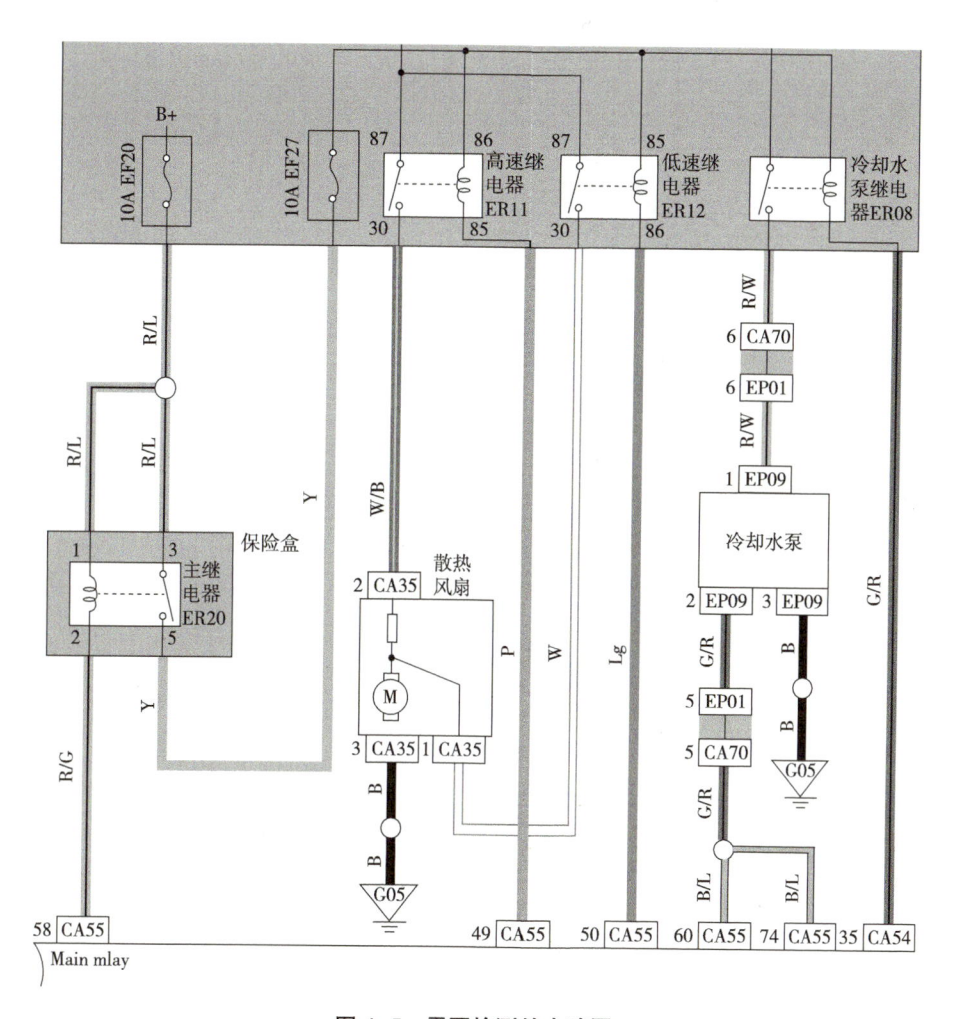

图 4-5 需要检测的电路图

图 4-6 车辆下电,断开低压电源负极

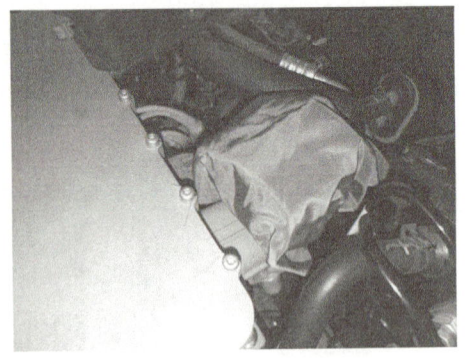

图 4-7　断开高压连接部件，静置 5 min

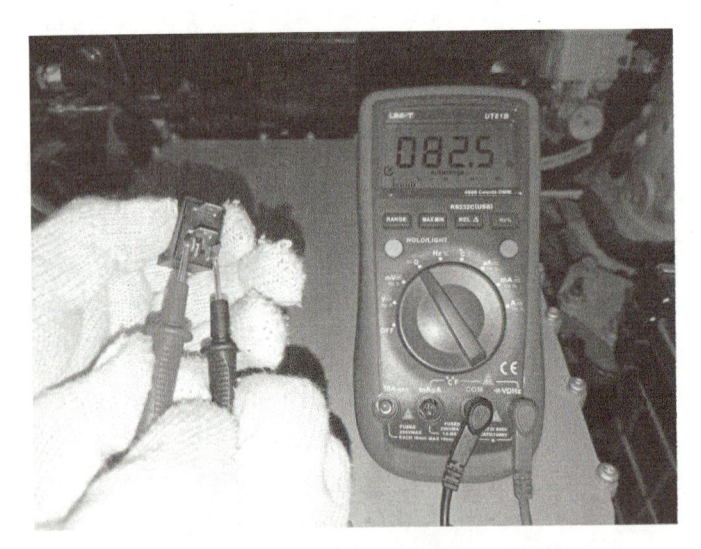

图 4-8　静态测试 ER13 继电器本身电阻值

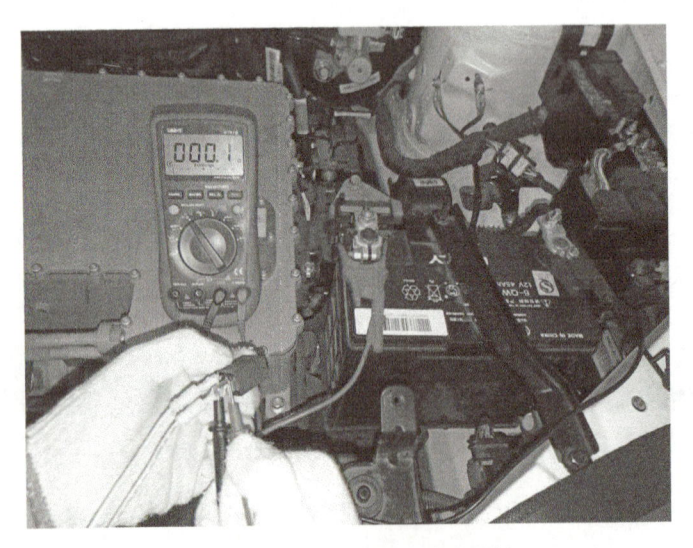

图 4-9　动态测试 ER13 继电器本身电阻值（0.1 Ω）

项目四 新能源汽车空调系统

图 4-10 测量 ER13/3 到 B+之间电阻值（导通）

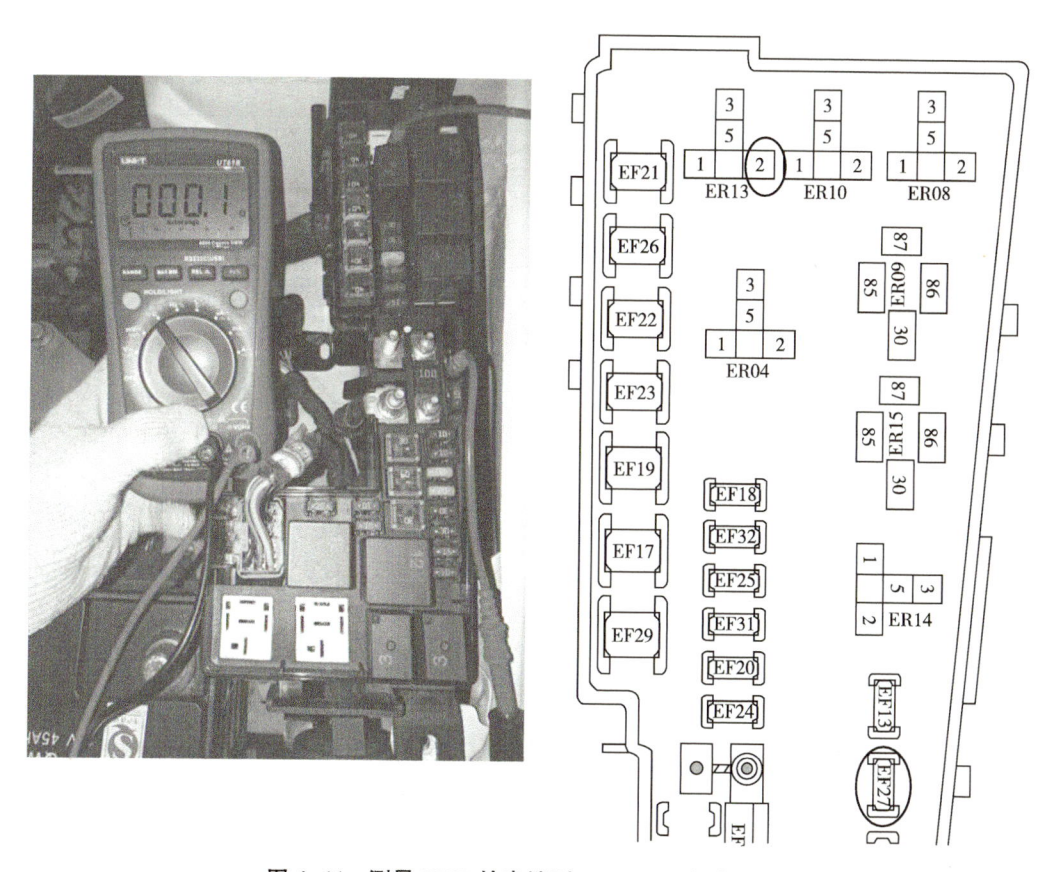

图 4-11 测量 EF27 输出端到 ER13/2 之间电阻值

105

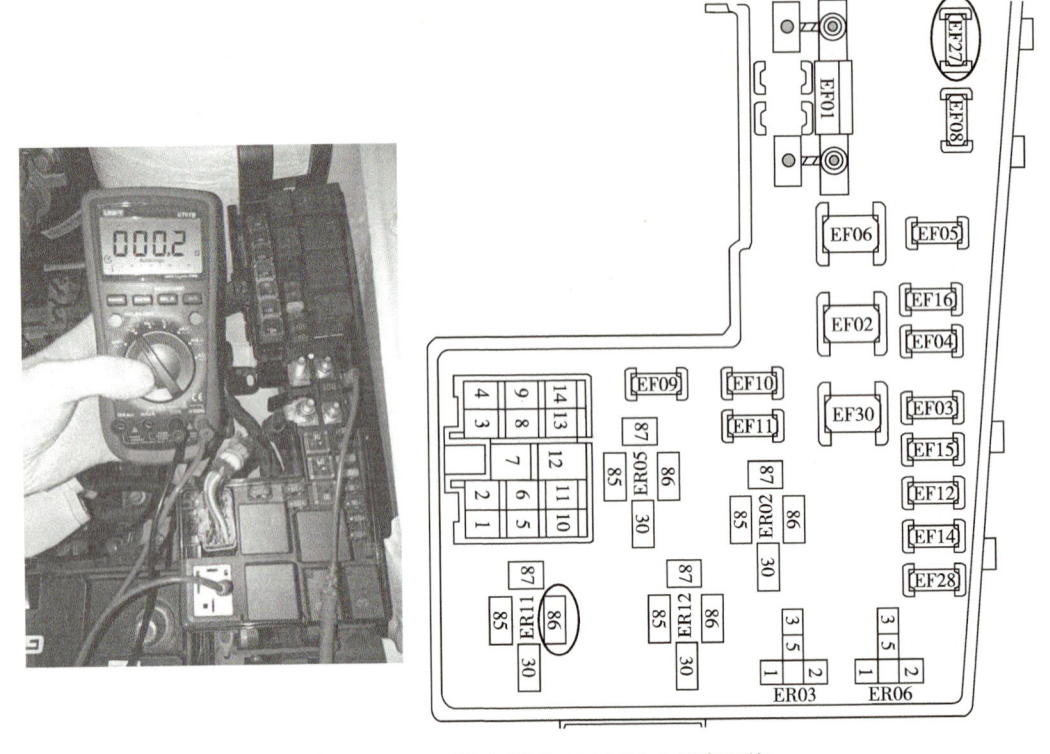

图 4-12　EF27 输出端到 ER11/86 之间电阻值

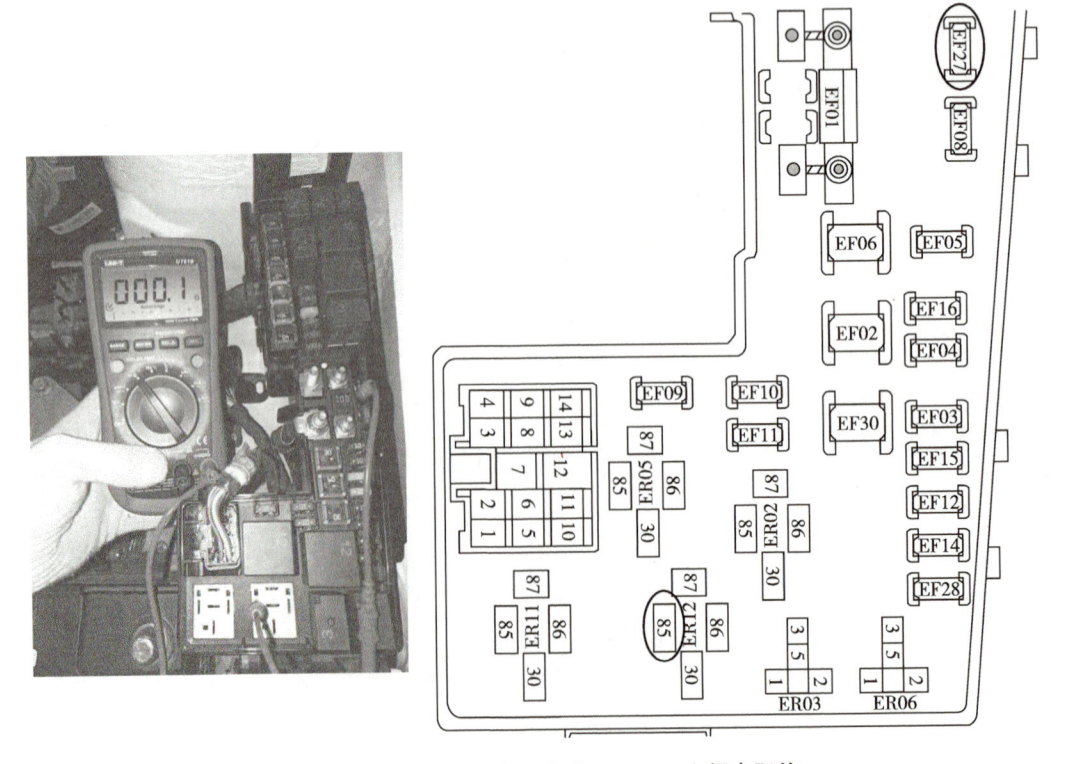

图 4-13　测量 EF27 输出端到 ER12/85 之间电阻值

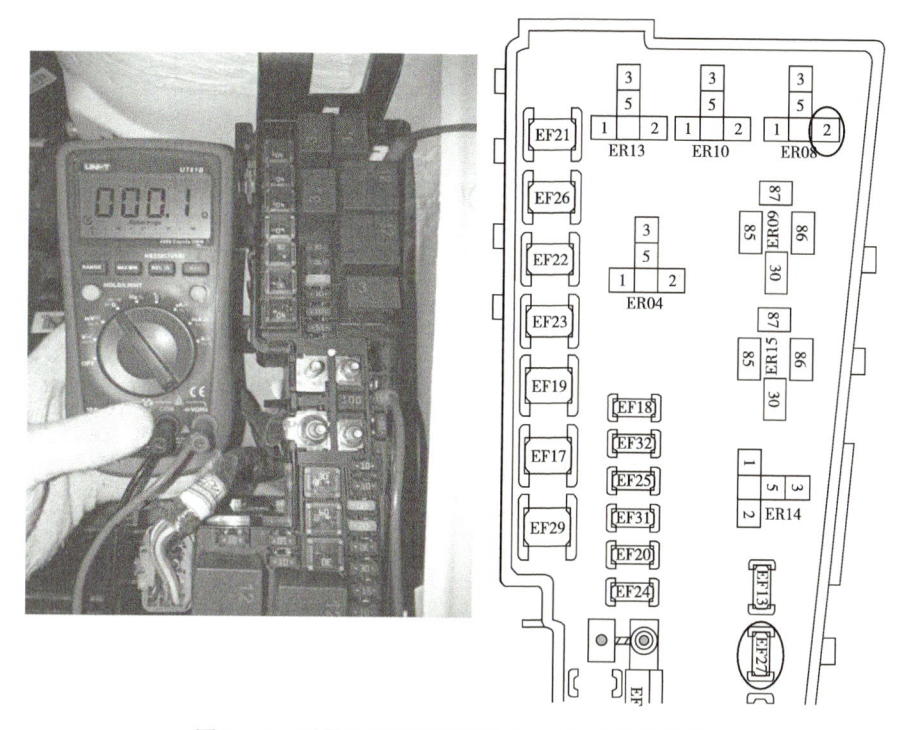

图 4-14 测量 EF27 输出端到 ER08/2 之间电阻值

图 4-15 测量 EF27 输出端到 ER18/1 之间电阻值

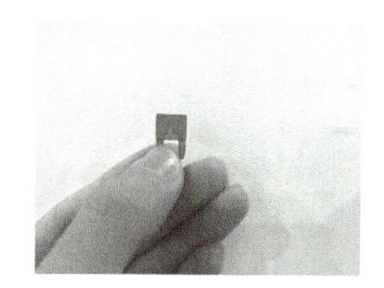

图 4-16 目测 EF27 保险 　　图 4-17 使用万用表校准 　　图 4-18 测量 EF27 保险（异常）

六、填写工单

空调系统不制冷故障诊断与排除任务工单如表 4-2 所示。

表 4-2 空调系统不制冷故障诊断与排除任务工单

空调系统不制冷故障诊断与排除		工作任务单	班级：
			姓名：
1. 学习任务 一辆吉利 EV450 电动汽车出现打开空调之后无法制冷、制热，客户开车到店维修。请你在约定时间内对车辆进行诊断与维修，并给车主提出用车建议			
任务		自测标准	学习建议
资料准备	防护装备	车内外三件套	工欲善其事，必先利其器。完成学习任务的第一步是熟悉并掌握新能源汽车维护相关的工具设备，做好准备工作
	实训车辆	实训车辆等	
	工具设备	防护工具、绝缘工具等	
	辅助资料	汽车维修手册、教材	
实施步骤	读图分析	车辆下电，断开低压电源负极	根据故障码显示，排除 EF27 的输入端到 ER20 输出及 ER20 本身故障。因故障现象是无法制冷、制热，对于 ER13 继电器本身及相关保险，首先测量 ER13 继电器及相关线路保险，随后测量 EF27 输出端以后的线路以及排查保险本身、相关继电器
	下电操作	断开高压连接部件，静置 5 min	
	故障测量	静态测试 ER13 继电器本身电阻值，动态测试 ER13 继电器本身电阻值（0.1 Ω），测量 ER13/3 到 B+之间电阻值（导通）	
	故障验证	测量 EF27 输出端到 ER08/2 之间电阻值	
2. 学习笔记 (1) 空调控制器电源线路原理图。			
(2) 吉利 EV450 空调不制冷故障分析。			
(3) 吉利 EV450 空调不制冷故障检测步骤。			

七、任务评价

空调系统不制冷故障诊断与排除任务综合能力评价表如表 4-3 所示。

表 4-3　空调系统不制冷故障诊断与排除任务综合能力评价表

学习任务名称				学习时间			
班级				学习团队			
	评价指标	评价情况		否定结果原因	自评	互评	师评
1	学习态度	□优秀　□良好　□一般　□差					
2	知识学习	□优　□良　□中　□差					
3	技能学习	□优　□良　□中　□差					
4	流程编制	□优化　□合理　□一般　□不合理					
5	程序编制	□优化　□合理　□一般　□不合理					
6	完成时间	□提前　□准时　□延后　□未完成					
7	测验质量	□合格　□不良　□返修　□报废					
8	成果展示	□清晰流畅　□需要补充　□不清晰流畅					
9	操作方法	□正确　□部分正确　□不正确					
10	安全规范	□很好　□好　□较好　□不好					
11	7S 管理	□很好　□好　□较好　□不好					
12	分工协作	□很好　□好　□较好　□不好					
13	沟通交流	□很好　□好　□较好　□不好					
14	问题解决	□及时　□较及时　□不及时					
15	创新精神	□优秀　□良好　□一般　□不足					
16	规划掌控	□很好　□好　□较好　□不好					

学习任务完成自评总结（团队）		亮点优点	
		缺点不足	

团队评价	团队自评	□优　□良　□中　□差	团队互评	□优　□良　□中　□差

学生个人评价	姓名	项目															
		1	2	3	4	5	6	7	8	9	10	11	12	13	14	15	16

审定意见	学习组长 年　月　日	指导教师 年　月　日	教研组长 年　月　日

八、拓展学习

（一）学习感想交流

近年来，随着全球汽车保有量的增加以及消费者对汽车舒适性要求的不断提高，汽车空调市场规模呈现出增长的态势。例如，2022 年全球汽车空调市场规模约为 104 亿美元，中国车用空调行业在 2023 年的市场规模已高达 972.47 亿元，同比增长 23.09%。这不仅显示出行业的强劲增长动力，也预示着未来市场将持续扩大。

将你的感想分享给老师和同学吧！

（二）课后作业

（1）进行下一任务空调系统不制热故障排除学习信息收集与筛选和资源的准备。

（2）进行下一任务空调系统不制热故障排除学习设备和工具的准备。

任务二　空调系统不制热故障排除

【案例引入】

一辆吉利 EV450 电动汽车出现打开空调之后可以制冷，但是无法制热，客户开车到店维修。请你在约定时间内对车辆进行诊断与维修，并给客户提出用车建议。

【任务目标】

学习目标

1. 正确运用万用表、示波器、诊断仪等常见设备
2. 对线路原理图进行准确识读和分析
3. 对常见充电故障进行诊断与排除
4. 具备学习新标准、新政策的能力

素养目标

1. 能够在工作过程中与小组其他成员合作、交流，形成团队合作意识，锻炼沟通能力
2. 养成 7S 的工作习惯
3. 养成服从管理、规范作业的良好工作习惯
4. 提高与时俱进、不断学习的意识
5. 增强诚信意识

【任务实施】

一、知识准备

PTC 加热器线路分为高压线路和低压线路，其中低压线路又分为电源、高压互锁、通信等线路。

（一）高压线路

图 4-19 为 PTC 加热器线路原理图。从图 4-19 中可以看出：动力蓄电池高压直流电（DC 346V）进入高压配电/充电机控制器，通过 OBC 内部 PTC 加热控制器保险丝 HF04 后流入 PTC 加热器，为 PTC 加热器提供动力电源；空调开启制热功能后，PTC 加热器通过 LIN 总线接收到制热功能启动信号及 VCU 通过 V-CAN[①] 总线发送的允许制热功能启动

---

① Vehicle CAN (Controller Area Network)。

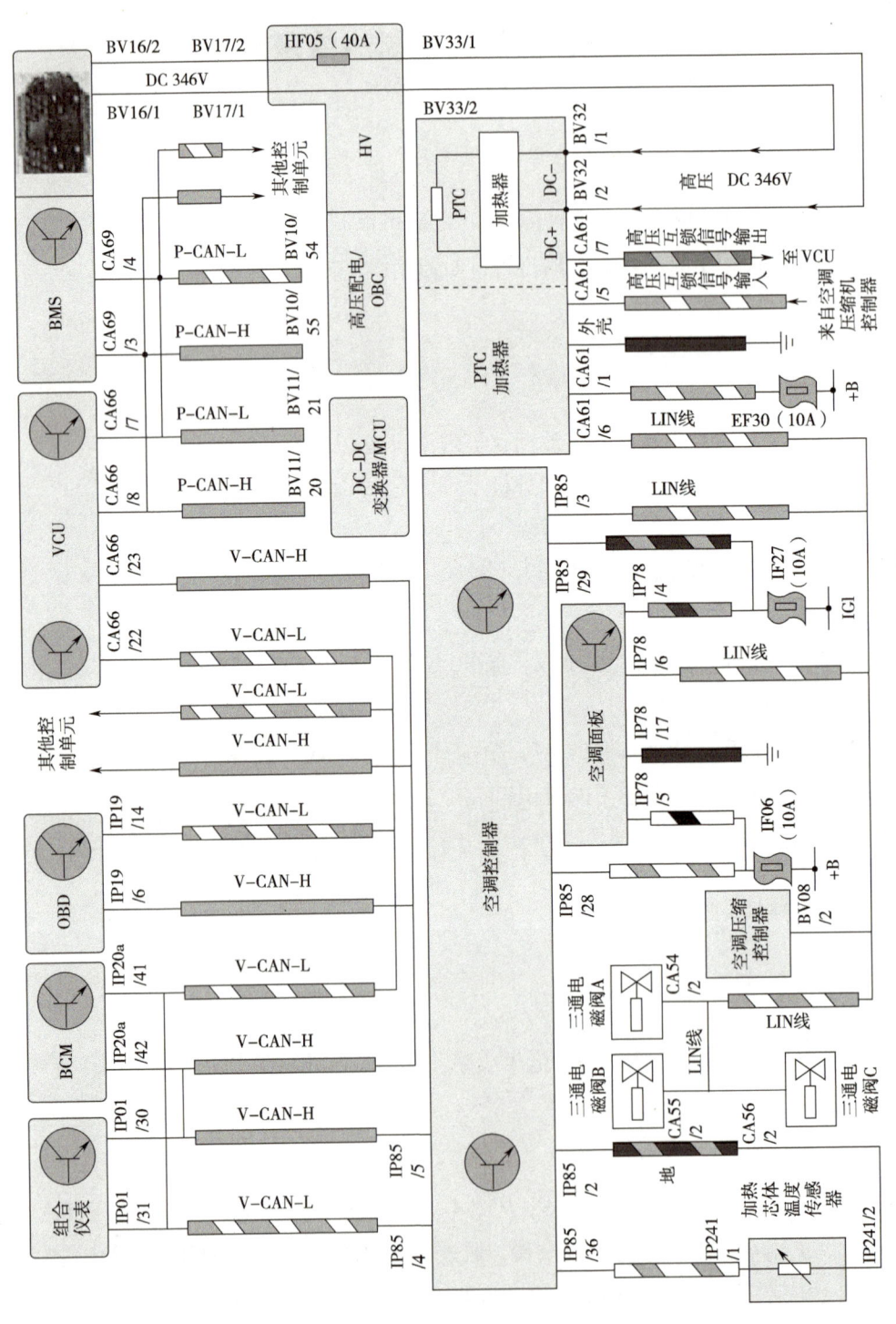

图4-19 PTC加热器线路原理图

信号；PTC 加热器经过处理与运算，给 PTC 加热器通电，PTC 加热器通电产生热量，加热内部冷却液，空调控制器控制水泵给冷却液加压，冷却液循环，制热模式启动。

（二）热管理继电器控制线路

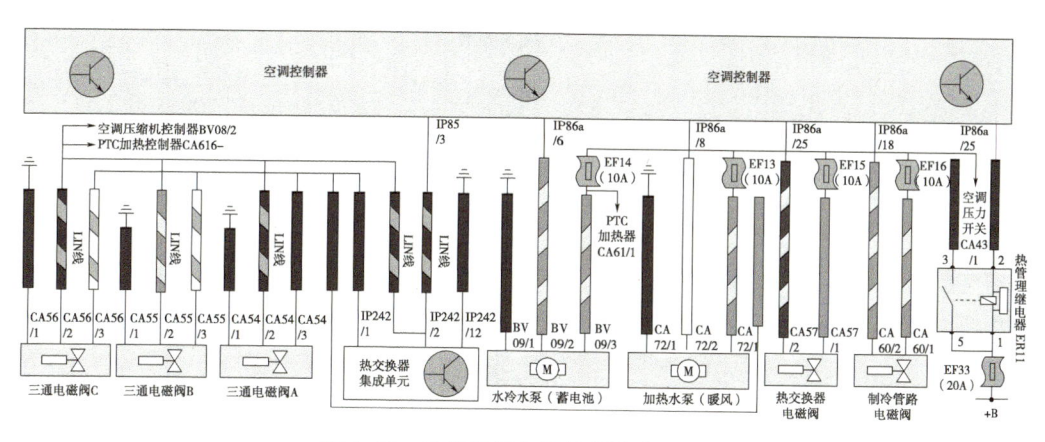

结合图 4-20 热管理继电器控制线路原理图可以看出，热管理继电器为制冷管理电磁阀、热交换器电磁阀、加热水泵（暖风）、水冷水泵（蓄电池）、热交换器集成单元、三通电磁阀 A/B/C、PTC 加热器提供电源。空调控制器启动制冷、制热以及整车热管理功能之前，首先控制热管理继电器工作，为以上单元及执行器提供工作电源。

热管理继电器供电电源由蓄电池+B 通过 EF33 至继电器的端子 1 和端子 5，其中端子 1 为继电器线圈提供电源，端子 5 为继电器触点提供电源；空调控制器接收到启动制冷、制热以及整车热管理功能后，空调控制器将继电器的端子 2 至控制器 IP86a/25 端子间的线路搭铁，继电器工作，触点闭合，热管理继电器端子 3 输出工作电源，为制冷管路电磁阀、热交换器电磁阀、加热水泵（暖风）、水冷水泵（蓄电池）、热交换器集成单元、三通电磁阀 A/B/C、PTC 加热器提供电源。如果热管理继电器供电电源、控制以及自身出现问题，将导致热管理继电器不工作或工作后输出异常，导致空调制冷、制热以及整车热管理功能失效，制热时出口无热风，制冷时出风口无冷风，整车启动热管理功能受限，车辆充电时间延长或无法充电。

图 4-20 热管理继电器控制线路原理图

二、故障诊断前准备

（1）在进行故障检测前，判断周围环境是否干燥、有无灭火器材等。

（2）检测前做好安全防护准备工作（例如绝缘手套、护目镜、绝缘鞋等的检查与穿戴）。

（3）在进行空调制热故障诊断与检测操作时，做好车辆的检查工作。

（4）使用绝缘电阻测试仪、万用表等，必须提前校正仪器的准确性。

（5）对检测所获得的数据，必须认真记录、准确计算、仔细分析，保证检测的准确性、快捷性。

三、工具准备

空调制热故障诊断与检测工具准备清单如表4-4所示。

表4-4 空调制热故障诊断与检测工具准备清单

类型	名称	规格	图示	应用
防护工具	绝缘手套	绝缘		安全准备
	护目镜	绝缘		安全准备
	安全帽	绝缘		安全准备
检测工具	诊断仪	X431		实训操作
	万用表	优利德		
	示波器	优利德		
	兆欧表	FLUKE		

四、故障分析

（一）故障现象

一辆吉利EV450的故障表现为：车辆上电显示READY时，打开空调，将挡位调至制热模式，一段时间后发现空调并未制热，体感为自然风；将挡位切换至制冷模式时可以制冷。故障现象如图4-21至图4-22所示。

图 4-21　制热模式下体感为自然风

图 4-22　制冷模式下体感为冷风

（二）模块通信状态及故障码检查

1. 故障码文字描述

无相关故障码。

2. 故障诊断仪显示

故障诊断仪显示如图 4-23 所示。

图 4-23　整车控制系统相关故障码

3. 相关数据流文字描述

无相关数据流。

4. 相关数据流故障诊断仪显示

无相关故障码。

（三）确认故障范围

PTC 本身及 PTC 线路。

五、检测步骤

根据故障范围分步骤进行线路流程检测。

（一）检测步骤

根据故障现象以及故障码显示，因无关于 ER13 及相关保险的故障码，且根据故障现象确定空调制冷模式正常，查阅电路图后发现 PTC 属于 VCU 通信之后的执行元件，所以首先针对 PTC 供电进行排查测量。

（二）检测电路图

需要检测的电路图如图 4-24 所示。

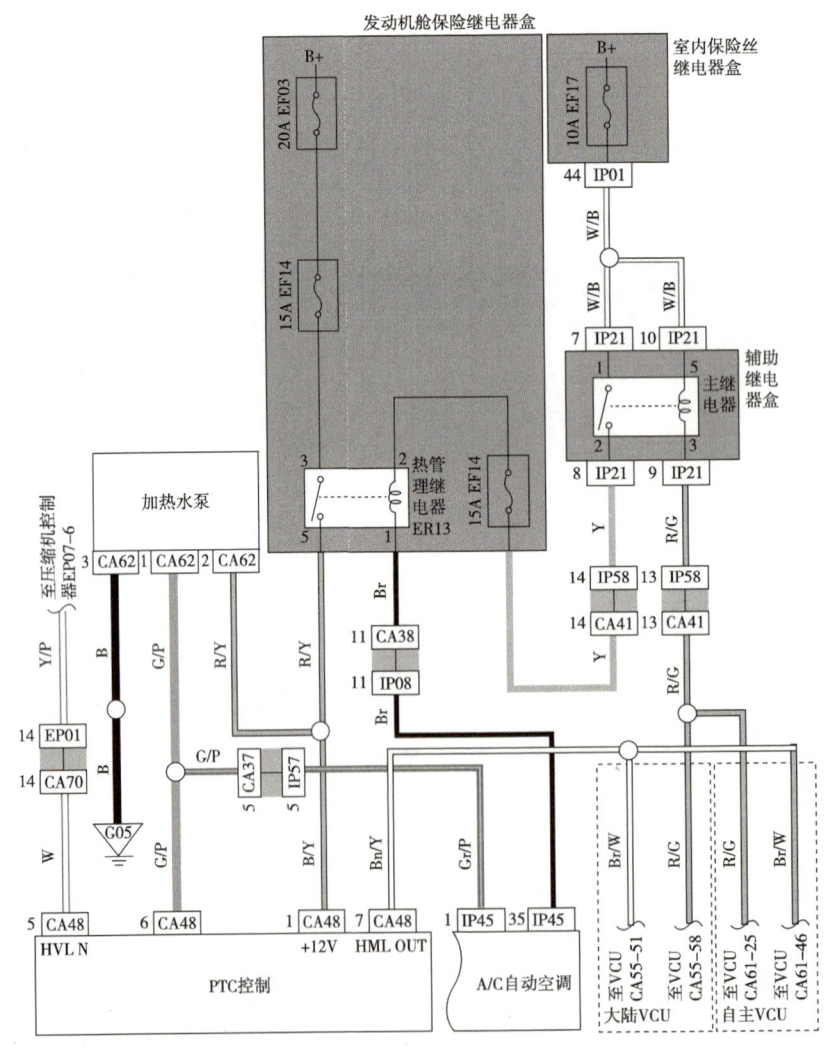

图 4-24 需要检测的电路图

(三) 具体检测过程

故障诊断与排除准备工作完毕之后,整个检测过程如图 4-25 至图 4-28 所示。

图 4-25　上电后背插 CA45/1 号到电源负极之间电压值 (0.6 V)

图 4-26　车辆下电,断开低压电源负极

图 4-27　断开高压连接部件,静置 5 min

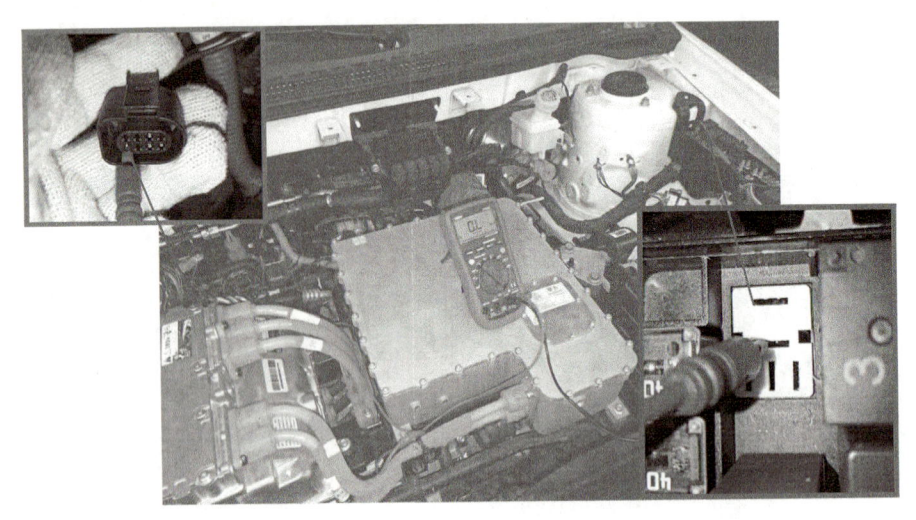

图 4-28 测量 CA48/1 到 ER13/5 之间电阻值无穷大（正常为 0.1 Ω）

六、填写工单

空调制热故障诊断与排除任务工单如表 4-5 所示。

表 4-5 空调制热故障诊断与排除任务工单

空调制热故障诊断与排除		工作任务单	班级：
			姓名：
1. 学习任务 一辆吉利 EV450 电动汽车出现打开空调之后可以制冷，但是打开暖风时无法制热，客户开车到店维修。请你在约定时间内对车辆进行诊断与维修，并给客户提出用车建议			
任务		自测标准	学习建议
资料准备	防护装备	车内外三件套	工欲善其事，必先利其器。完成学习任务的第一步是熟悉并掌握新能源汽车维护相关的工具设备，做好准备工作
	实训车辆	实训车辆等	
	工具设备	防护工具、绝缘工具等	
	辅助资料	汽车维修手册、教材	
实施步骤	带电测量	上电后背插 CA45/1 号到电源负极之间电压值（0.6 V）	根据故障现象以及故障码显示，因无关于 ER13 及相关保险的故障码，且根据故障现象确定空调制冷模式正常，查阅电路图后发现 PTC 属于 VCU 通信之后的执行元件，所以首先针对 PTC 供电进行排查测量
	下电操作	车辆下电，断开低压电源负极	
	断开高压	断开高压连接部件，静置 5 min	
	故障测量	测量 CA48/1 到 ER13/5 之间电阻值无穷大（正常为 0.1 Ω）	
	故障验证	打开空调进行验证	

续表

任务	自测标准	学习建议
2. 学习笔记		
（1）吉利 EV450 汽车空调制热原理。		
（2）吉利 EV450 汽车空调制热故障分析。		
（3）吉利 EV450 汽车空调制热故障排除步骤。		

七、任务评价

空调制热故障诊断与排除任务综合能力评价表如表 4-6 所示。

表 4-6　空调制热故障诊断与排除任务综合能力评价表

学习任务名称			学习时间			
班级			学习团队			
	评价指标	评价情况	否定结果原因	自评	互评	师评
1	学习态度	□优秀　□良好　□一般　□差				
2	知识学习	□优　□良　□中　□差				
3	技能学习	□优　□良　□中　□差				
4	流程编制	□优化　□合理　□一般　□不合理				
5	程序编制	□优化　□合理　□一般　□不合理				
6	完成时间	□提前　□准时　□延后　□未完成				
7	测验质量	□合格　□不良　□返修　□报废				
8	成果展示	□清晰流畅　□需要补充　□不清晰流畅				
9	操作方法	□正确　□部分正确　□不正确				
10	安全规范	□很好　□好　□较好　□不好				
11	7S 管理	□很好　□好　□较好　□不好				
12	分工协作	□很好　□好　□较好　□不好				
13	沟通交流	□很好　□好　□较好　□不好				

续表

学习任务名称				学习时间			
评价指标		评价情况		否定结果原因	自评	互评	师评
14	问题解决	□及时 □较及时 □不及时					
15	创新精神	□优秀 □良好 □一般 □不足					
16	规划掌控	□很好 □好 □较好 □不好					
学习任务完成自评总结（团队）				亮点优点			
				缺点不足			
团队评价	团队自评	□优 □良 □中 □差		团队互评	□优 □良 □中 □差		

学生个人评价	姓名	项目														
		1	2	3	4	5	6	7	8	9	10	11	12	13	14	15	16

审定意见	学习组长 年 月 日	指导教师 年 月 日	教研组长 年 月 日

八、拓展学习

（一）学习感想交流

早在2009年中国车市还是燃油车的天下时，比亚迪就推出了第一款纯电动车型——比亚迪e6，之后不断迭代新能源车型，积累了丰富的技术经验。其研发的刀片电池具有安全性能好、寿命长、续航高的优势；DM-i超级混动系统架构降低了对燃油的依赖，可使车辆油耗保持在较低水平；e平台3.0具有智能、高效、安全等特点，实现了从小型车到大型车的全覆盖。这些核心技术让比亚迪在新能源汽车领域占据了重要地位。

比亚迪不仅在国内市场发展迅速，还积极拓展海外市场。例如，在拉美地区，从2012年开始为哥伦比亚开发交通体系产品，经过多年的沉淀和努力，不断根据当地需求改进产品,最终获得了当地的认可和大量订单,推动了拉美地区公交电动化进程。

将你的感想分享给老师和同学吧!

(二) 课后作业

(1) 进行下一任务电动助力转向系统拆装学习信息收集与筛选和资源的准备。

(2) 进行下一任务电动助力转向系统拆装学习设备和工具的准备。

项目五　新能源汽车电动助力转向系统

　　电动助力转向系统是一种用于汽车的全新辅助转向系统,它的合理应用能发挥出过去辅助转向系统无法实现的效果,灵敏感应汽车实时车速,而且其控制单元作为系统核心部件之一,还可以汽车行驶速度、转入轴力矩等为依据判断是否需要提供助力,在提供助力时需要提供多少助力。当前的电动助力转向系统已经比较成熟,有取代传统液压转向系统之势,更好地满足未来汽车产业发展的要求。

任务一　电动助力转向系统拆装

【案例引入】

一辆吉利 EV450 电动汽车进厂保养，车主反映低速时转向很轻，想了解汽车的电动助力转向系统，该车主之前的车辆为液压助力转向。作为汽车维修人员，你应如何完成本项任务？

【任务目标】

学习目标

1. 正确运用万用表、示波器、诊断仪等常见设备
2. 对线路原理图进行准确识读和分析
3. 正确拆装 EPS 控制器
4. 具备学习新标准、新政策的能力

素养目标

1. 能够在工作过程中与小组其他成员合作、交流，形成团队合作意识，锻炼沟通能力
2. 养成 7S 的工作习惯
3. 养成服从管理、规范作业的良好工作习惯
4. 提高与时俱进、不断学习的意识
5. 培养爱国情怀，提升民族自豪感

【任务实施】

一、知识准备

汽车电动助力转向系统（EPS）是一种机电一体化的车辆动力转向系统，由扭矩传感器、电机总成、转向器和控制器组成。汽车电动助力转向器根据方向盘的转向力（即扭矩传感器）、车速传感器、发动机转速等控制信号，确定转向助力的大小和方向，并驱动电机辅助转向操作，如图 5-1 所示。

（一）扭矩传感器

扭矩传感器由两个带孔圆环、线圈、线圈盒及电路板组成。它可获得方向盘上操作力大小和方向信号，并把它们转换为电信号，传递到 EPS 控制盒。

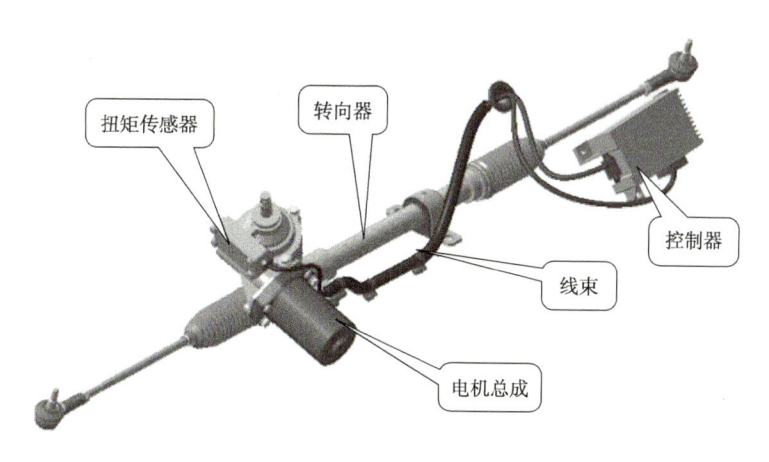

图 5-1　电动助力转向系统（EPS）结构

两个带孔圆环，一个安装在输出轴上，一个安装在输入轴上。当输入轴相对输出轴转动时，电路板计算出输入轴相对于输出轴的旋转方向和旋转量。当转动方向盘时，扭矩被传递到扭力杆，输入轴和输出轴之间出现角度偏差，电路板检测出角度偏差及方向，通过计算得到扭矩大小和方向，并转换为电压信号传递到 EPS 控制器中，如图 5-2 所示。

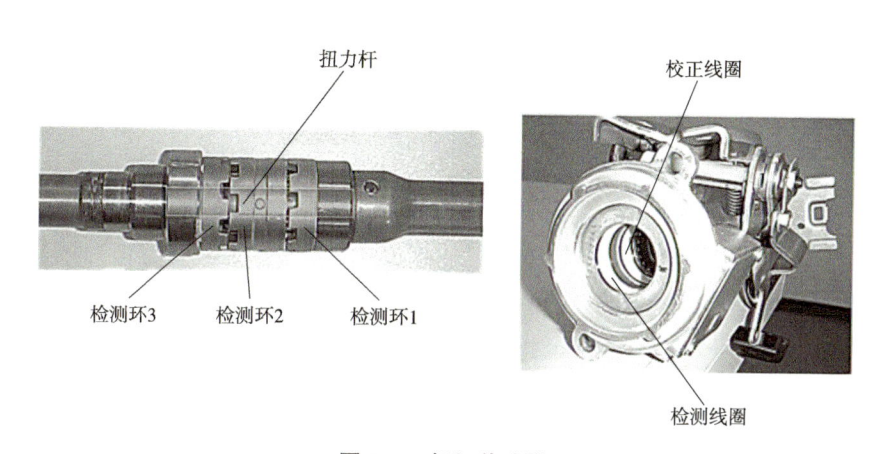

图 5-2　扭矩传感器

（二）电机总成

安装在转向器上的电机总成由一个蜗杆、一个蜗轮和一个直流电机组成。当蜗杆与安装在转向器输出轴上的蜗轮啮合时，它降低电机速度并把电机输出力矩传递到输出轴，如图 5-3 所示。

图 5-3　电机总成

(三) 转向器

通过蜗轮降低动力转向电动机的转速，并将它传递到转向柱轴，如图5-4所示。

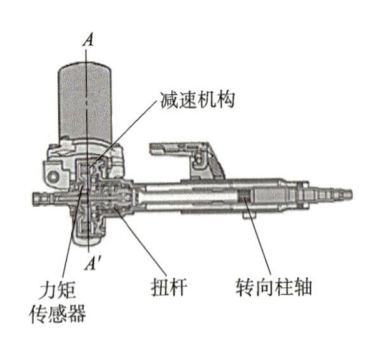

图 5-4 转向器

(四) 控制器

控制器的作用如下：

1. EPS 控制

动力转向电子控制单元（ECU）接收各传感器的信号，判断车辆当前的状况，并测定施加到动力转向电动机上相应的助力电流。

装有车辆稳定控制系统（VSC）的车型，根据制动防滑控制 ECU 信息，联合控制转向助力力矩，可使驾驶人的转向操作更灵便，并提高转向稳定性。

2. 检测温度

动力转向 ECU 中的温度传感器用于检测 ECU 是否过热。如果温度传感器检测到 ECU 过热，则动力转向电动机上的助力电流会减小。

3. 故障诊断

如果动力转向 ECU 检测到 EPS 故障，则与出现故障的功能相关的主警告灯点亮，提示驾驶人出现故障，同时将故障码存储到存储器中。

4. 安全保护

如果动力转向 ECU 检测到 EPS 故障，则组合仪表上的主警告灯点亮，并开启蜂鸣器。同时，动力转向 ECU 将 PS 警告出现在复式显示器上，以提示驾驶人，并进入安全保护模式。EPS 和手动转向以相同方式工作。出现故障时，安全保护功能被激活，ECU 会影响各种控制。

二、故障诊断前准备

（1）在进行故障检测前，判断周围环境是否干燥、有无灭火器材等。

（2）拆装前做好安全防护准备工作（例如绝缘手套、护目镜、绝缘鞋等的检查与穿戴）。

（3）在进行电动助力转向系统拆装操作时，做好车辆的检查工作。

（4）使用绝缘电阻测试仪、万用表等，必须提前校正仪器的准确性。

（5）对检测所获得的数据，必须认真记录、准确计算、仔细分析，保证检测的准确性、快捷性。

三、工具准备

电动助力转向系统拆装工具准备清单如表 5-1 所示。

表 5-1 电动助力转向系统拆装工具准备清单

类型	名称	规格	图示	应用
防护工具	绝缘手套	绝缘		安全准备
	护目镜	绝缘		安全准备
	安全帽	绝缘		安全准备
检测工具	诊断仪	X431		实训操作
	万用表	优利德		
	示波器	优利德		
	兆欧表	FLUKE		
	绝缘工具	世达		实训操作

四、原理分析

EPS 是一个非线性、多输入多输出的控制系统,控制策略的设计是 EPS 的核心技术之一。EPS 控制策略的基本功能是在不同行驶工况下的转向过程中提供最佳转向助力,从而减轻驾驶员的操作疲劳。根据不同的控制目标,控制策略可分为:基本助力控制,设计合理助力曲线,兼顾低速的转向轻便性和高速的稳定性;回正控制,使方向盘具有较好的回正特性,避免回正不足或回正超调;补偿控制,EPS 转向系统中除了机械部件的摩擦和阻尼因素,还有电机和减速机构的惯量因素,因此需要采用合适的补偿控制,减小惯量、摩擦、阻尼因素的影响,提高车辆的稳态性能和动态性能;抑振控制,当在不平路面行驶时,由轮胎传递过来的扰动会造成方向盘的振动,使驾驶员感到不适,丧失路感;鲁棒控制,抑制系统内部的各种扰动;其他控制,随着汽车对安全性和舒适性要求的提高,EPS 的控制策略正朝着智能化的方向发展,包括个性化助力特性、自动泊车功能、车道保持功能等。

五、拆装步骤

(一) 拆装 EPS 控制器

1. 拆卸

拆卸步骤如下:

(1) 将车钥匙置于 OFF 挡。

(2) 断开蓄电池负极电缆。

(3) 拆下右前门踏板沿,向箭头所指位置撬起前门踏板①,翻转取出前门踏板①。如图 5-5 所示。

(4) 拆下 A 柱下饰板旋出塑料螺母座①,如图 5-6 所示。

(5) 沿箭头方向将 A 柱下饰板②从车身上脱出。

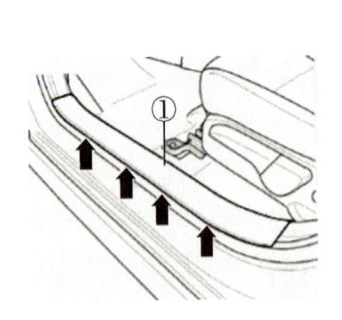

图 5-5 拆卸右前门踏板　　图 5-6 拆卸 A 柱下饰板

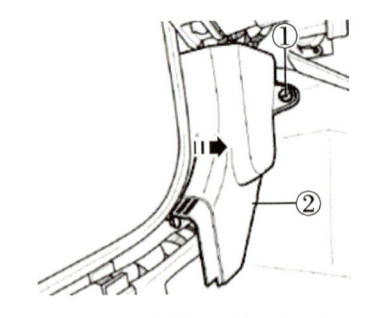

(6) 拆下副仪表板前挡板,旋出子母扣②。将副仪表右前挡板①从副仪表骨架总成中撬出。如图 5-7 所示。

(7) 撬下固定卡①和旋出螺母③,如图 5-8 所示。

(8) 取下前地板搁脚板②。

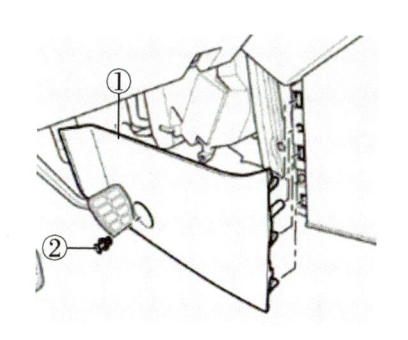

图 5-7 拆卸副仪表板前挡板　　图 5-8 拆卸前地板搁脚板

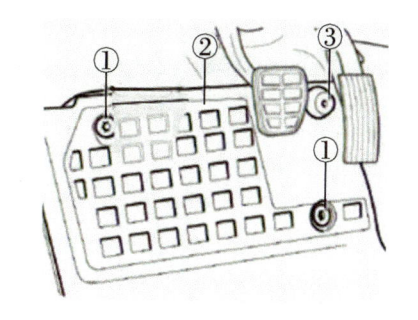

（9）拔下 EPS 控制器连接插头。

（10）拧下 EPS 控制器固定螺栓并取下控制器。

2. 安装

安装以相反顺序进行。

（二）EPS 本体拆装

1. 拆卸

（1）将车钥匙置于 OFF 挡。

（2）断开蓄电池负极电缆。

（3）将方向盘回正，并拔出车钥匙锁定方向盘。

注意：回正一下方向盘，确定转向系统处于锁止状态。

（4）拆卸车轮。

（5）拆卸转向机连接线束（详见 EPS 控制器拆装步骤）。

（6）拔下转向拉杆球头锁止销但不要拆下。

（7）用球形万向节拉出器将转向拉杆球头总成①，从转向节上压出，拧出螺母箭头，将转向拉杆球头总成①拆下，螺母箭头拧紧力矩：55±5 N·m，如图 5-9 所示。

（8）松开前悬下摆臂锁紧螺母①但不要拆下。

注意：螺母 1 拧紧力矩 66±6 N·m。

（9）用球形万向节拔出器将前悬下摇臂主销②从转向节压出。

（10）拧出螺母①，将前悬下摇臂主销拆下。

（11）转向管柱连接十字轴拆卸，如图 5-10 所示。

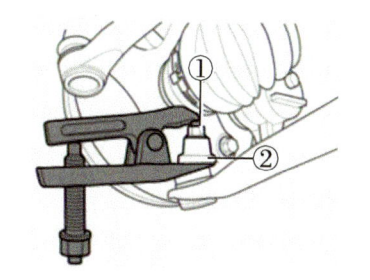

图 5-9 拆卸转向节

注意：拧下螺栓②，将十字万向节①从转向器上拔下。螺栓②拧紧力矩：23±3 N·m。拧出螺栓③，从变速器上松开摆动支撑。螺栓③拧

紧力矩：80±5 N·m。

(12) 将举升装置放到副车架下。

(13) 拧出螺栓①和②，并将副车架略微降低，如图5-11所示。

注意：螺栓①和②拧紧力矩：165~180 N·m。

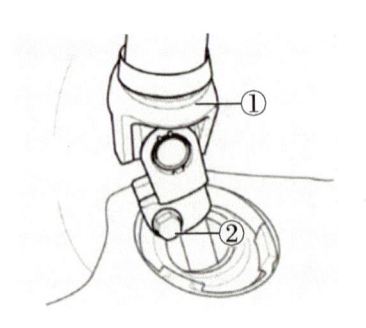

图5-10 拆卸转向管柱连接十字轴　　图5-11 拆卸副车架

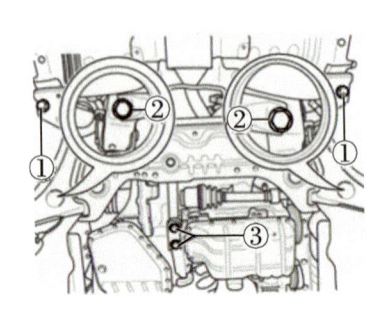

(14) 旋出副车架的固定螺栓。

(15) 将副车架和转向机总成降下。

(16) 旋出整体式动力转向器总成固定螺栓箭头A和固定螺母箭头B，取下固定板。

(17) 固定螺栓箭头A拧紧力矩：90±5 N·m，固定螺母箭头B拧紧力矩：90±5 N·m，如图5-12所示。

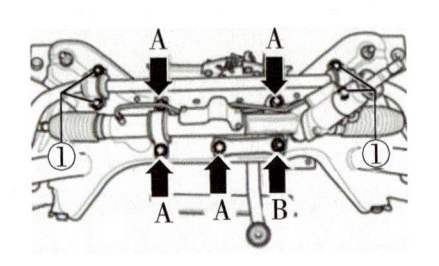

图5-12 拆卸动力转向器总成固定螺栓

(18) 从副车架上取下转向器。

2. 安装

安装以相反顺序进行。

注意：安装副车架前，将整体式动力转向器总成固定在副车架上，并安装整体式动力转向器总成的螺栓。

六、填写工单

电动助力转向系统拆装任务工单如表5-2所示。

项目五　新能源汽车电动助力转向系统

表 5-2　电动助力转向系统拆装任务工单

电动助力转向系统拆装	工作任务单	班级：
		姓名：

1. 学习任务

一辆吉利 EV450 电动汽车进厂保养，车主反映低速时转向很轻，想了解汽车的电动助力转向系统，该车主之前的车辆为液压助力转向。作为汽车维修人员，你应如何完成本项任务？

任务		自测标准	学习建议
资料准备	防护装备	车内外三件套	工欲善其事，必先利其器。完成学习任务的第一步是熟悉并掌握新能源汽车维护相关的工具设备，做好准备工作
	实训车辆	实训车辆等	
	工具设备	防护工具、绝缘工具等	
	辅助资料	汽车维修手册、教材	
2. 实施步骤	拆卸 EPS 控制器	用球形万向节拔出器将前悬下摇臂主销②从转向节压出。拧出螺母①，将前悬下摇臂主销拆下	安装副车架前，将整体式动力转向器总成固定在副车架上，并安装整体式动力转向器总成的螺栓
	安装 EPS 控制器	与拆卸步骤相反	
	拆卸 EPS 本体	用球形万向节拔出器将前悬下摇臂主销②从转向节压出。拧出螺母①，将前悬下摇臂主销拆下	
	安装 EPS 本体	与拆卸步骤相反	

2. 学习笔记

（1）电动助力转向系统（EPS）结构原理。

（2）电动助力转向系统（EPS）控制器拆装步骤。

（3）电动助力转向系统（EPS）本体拆装步骤。

七、任务评价

电动助力转向系统拆装任务综合能力评价表如表 5-3 所示。

表 5-3　电动助力转向系统拆装任务综合能力评价表

学习任务名称			学习时间			
班级			学习团队			
评价指标		评价情况	否定结果原因	自评	互评	师评
1	学习态度	□优秀　□良好　□一般　□差				
2	知识学习	□优　□良　□中　□差				
3	技能学习	□优　□良　□中　□差				
4	流程编制	□优化　□合理　□一般　□不合理				
5	程序编制	□优化　□合理　□一般　□不合理				
6	完成时间	□提前　□准时　□延后　□未完成				
7	测验质量	□合格　□不良　□返修　□报废				
8	成果展示	□清晰流畅　□需要补充　□不清晰流畅				
9	操作方法	□正确　□部分正确　□不正确				
10	安全规范	□很好　□好　□较好　□不好				
11	7S 管理	□很好　□好　□较好　□不好				
12	分工协作	□很好　□好　□较好　□不好				
13	沟通交流	□很好　□好　□较好　□不好				
14	问题解决	□及时　□较及时　□不及时				
15	创新精神	□优秀　□良好　□一般　□不足				
16	规划掌控	□很好　□好　□较好　□不好				
学习任务完成自评总结（团队）			亮点优点			
			缺点不足			
团队评价	团队自评	□优　□良　□中　□差	团队互评	□优　□良　□中　□差		

学生个人评价	姓名	项目															
		1	2	3	4	5	6	7	8	9	10	11	12	13	14	15	16

审定意见	学习组长　　　　　　　年　月　日	指导教师　　　　　　　年　月　日	教研组长　　　　　　　年　月　日

八、拓展学习

（一）学习感想交流

电动助力转向系统即 EPS，是指依靠电机提供辅助扭矩的动力转向系统。根据工作原理不同，电动助力转向系统可分为 C-EPS 转向柱式、P-EPS 小齿轮式、R-EPS 齿条式三大类，其中 C-EPS 转向柱式是目前全球 EPS 市场的主流产品，占全球市场份额达 53.8%。近年来，电动助力转向系统凭借路感好、效率高、回正性好、可靠性高、节能环保、安装方便等特点，在国内乘用车市场中的渗透率不断提升，行业发展前景较好。

未来随着国内双碳目标持续推进以及新能源汽车市场规模不断扩大，具有节能环保特点的电动助力转向系统的市场需求将不断增长、渗透率将不断提高，进而有可能全面替代 EHPS。

将你的感想分享给老师和同学吧！

（二）课后作业

(1) 进行下一任务电动助力转向系统检修学习信息收集与筛选以及资源的准备。

(2) 进行下一任务电动助力转向系统检修学习设备和工具的准备。

任务二　电动助力转向系统检修

【案例引入】

一辆吉利 EV450 电动汽车 EPS 电动助力转向系统故障灯常亮，客户开车到店维修。请你在约定时间内对车辆进行诊断与维修，并给车主提出用车建议。

【任务目标】

学习目标

1. 正确运用万用表、示波器、诊断仪等常见设备
2. 对线路原理图进行准确识读和分析
3. 对常见充电故障进行诊断与排除
4. 具备学习新标准、新政策的能力

素养目标

1. 能够在工作过程中与小组其他成员合作、交流，形成团队合作意识，锻炼沟通能力
2. 养成 7S 的工作习惯
3. 养成服从管理、规范作业的良好工作习惯
4. 提高与时俱进、不断学习的意识
5. 培养爱国情怀，提升民族自豪感

【任务实施】

一、知识准备

（一）EPS 控制策略及算法

电动汽车在不同车速下转向时，EPS 的控制部件能够通过对助力电机电流的控制，提供合适的转向助力。这样既减轻了驾驶员的操纵负担，又能保持一定的路感，同时还可以兼顾车辆低速时的操纵轻便性和高速时的操纵稳定性，是在转向轻便性和路感之间一个合适的平衡点。EPS 的控制策略和控制算法是其系统控制性能的关键，根据汽车不同转向行驶的状态，助力转向的控制方法一般包括助力控制、阻尼控制和回正控制。在车辆原地转向和低速行驶时，以助力控制为主；车辆中低速行驶时，以助力和回正控制为主；在车辆高速行驶时，以阻尼控制为主，防止车辆转向过快导致侧滑

和翻车。按不同的控制方式，中央处理单元（ECU）作为 EPS 的核心部件，将所有的控制策略和算法以软件与数据的形式存储在微处理器的存储器中。

（二）助力控制模式及控制策略

助力控制模式是电动助力转向系统最基本的控制方法。该模式的主要功能是使驾驶员获得良好的路感和手感，合理的助力对车辆驾驶的轻便性、路感、安全性和回正特性都有重要的影响。在该模式下，EPS 助力电动机提供的助力按照车速的递增逐渐减小。也就是说，当车辆原地转向时，EPS 提供的助力是最大的，当车辆高速行驶时，EPS 提供的助力最小或者不提供助力，以保证高速行驶时车辆的安全。

吉利 EV450 电动助力转向电气原理图如图 5-13 所示。

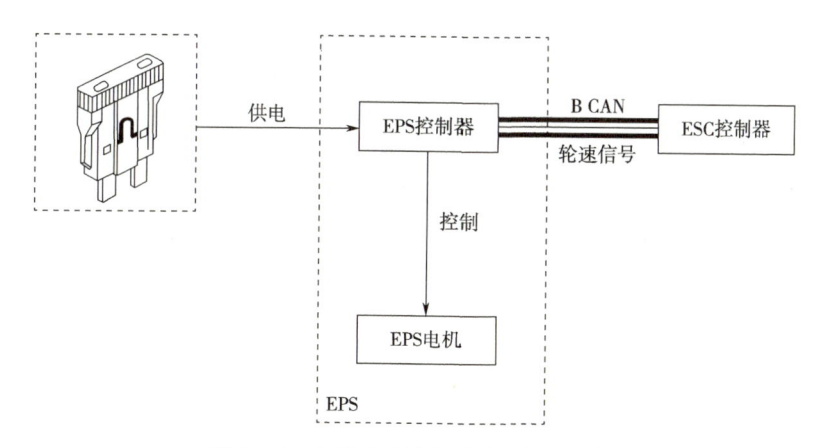

图 5-13　电动助力转向系统电气原理图

二、故障诊断前准备

（1）在进行故障检测前，判断周围环境是否干燥、有无灭火器材等。

（2）检测前做好安全防护准备工作（例如绝缘手套、护目镜、绝缘鞋等的检查与穿戴）。

（3）在进行电动助力转向故障诊断与检测操作时，做好车辆的检查工作。

（4）使用绝缘电阻测试仪、万用表等，必须提前校正仪器的准确性。

（5）对检测所获得的数据，必须认真记录、准确计算、仔细分析，保证检测的准确性、快捷性。

三、工具准备

空调制热故障诊断与检测工具准备清单如表 5-4 所示。

表 5-4 空调制热故障诊断与检测工具准备清单

类型	名称	规格	图示	应用
防护工具	绝缘手套	绝缘		安全准备
防护工具	护目镜	绝缘		安全准备
防护工具	安全帽	绝缘		安全准备
检测工具	诊断仪	X431		实训操作
检测工具	万用表	优利德		实训操作
检测工具	示波器	优利德		实训操作
检测工具	兆欧表	FLUKE		实训操作
检测工具	绝缘工具	世达		实训操作

四、故障分析

一辆吉利 EV450 的故障表现为 EPS 电动助力转向系统故障灯常亮。电动助力转向系统电路原理图如图 5-14 所示，该故障现象产生的原因可能是 EPS 模块供电、搭铁或通信故障，组合仪表模块故障等。

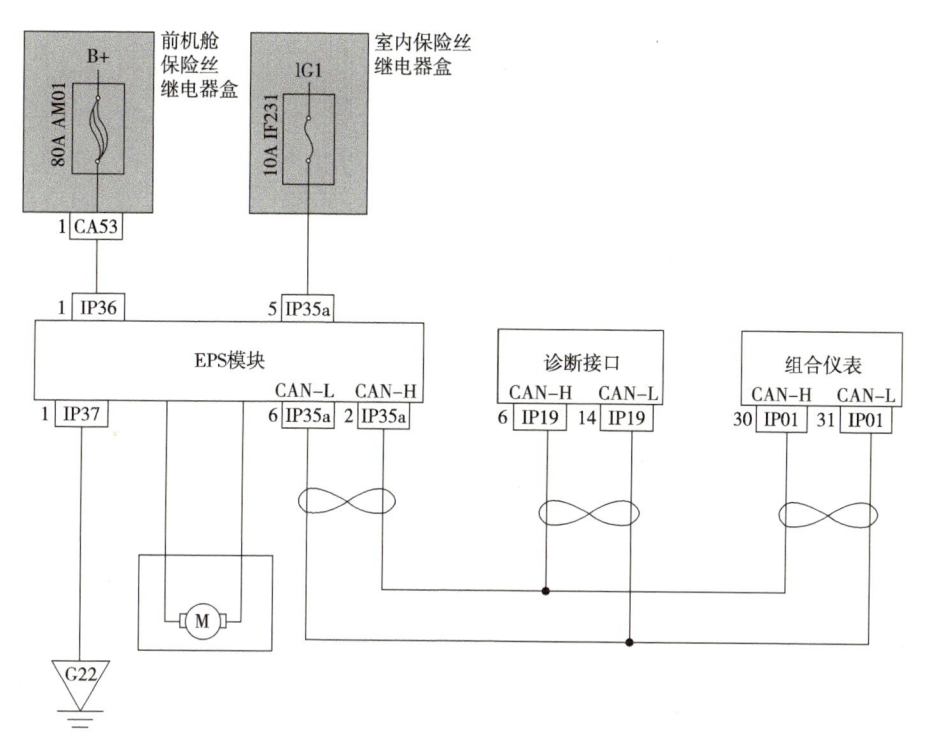

图 5-14　电动助力转向系统电路原理

五、检测步骤

根据故障范围分步骤进行线路流程检测。

(一) 用诊断仪访问 EPS 控制单元

首先操作启动开关使电源模式至 ON 状态，然后连接故障诊断仪，读取系统故障码，系统无法进入。

(二) 检查蓄电池

操作启动开关，使电源模式至 ON 状态，测量蓄电池电压。电压标准值：11~14 V。经检测，蓄电池电压正常。

(三) 检查熔断器 EF16 是否熔断

操作启动开关使电源模式至 OFF 状态。拔下熔断器 AM01.IF23，检查熔断器是否熔断。经检查，熔断器 EF16 正常。

(四) 检查 EPS 控制单元电源

测量 EPS 助力转向系统线束连接器 IP36 的端子 1 与车身接地之间的电压，如图 5-15 所示。标准电压值：11~14 V。经检测，EPS 控制单元电源正常。

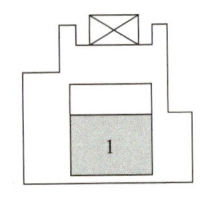

图 5-15　EPS 模块电源线束连接器

（五）检查 EPS 控制单元接地

将测量 EPS 助力转向系统线束连接器 IP37 端子 1 与车身接地之间的电阻。其电阻标准值小于 1 Ω。经检测，EPS 控制单元接地正常。

（六）检查 EPS 控制单元 IG1 电路

操作启动开关使电源模式至 ON 状态。测量 EPS 助力转向系统线束连接器 IP35a 端子 5 与车身接地之间的电压。电压标准值：11～14 V。经检测，EPS 控制单元 IG1 电路正常。

（七）检查 EPS 控制单元 CAN 线路

操作启动开关使电源模式至 OFF 状态，断开 EPS 线束连接器 IP35a，断开诊断接口线束连接器 IP16。用万用表测量 EPS 线束连接器 IP35a 的端子 2 和诊断接口线束连接器 IP16 的端子 6 之间的电阻值，如图 5-16 所示。标准电阻小于 1 Ω。经测量为正常。用万用表测量 EPS 线束连接器 IP35a 的端子 6 和诊断接口线束连接器 IP16 的 14 号之间的电阻值。其标准电阻小于 1 Ω。经测量，为 EPS 控制单元 CAN 线路故障。

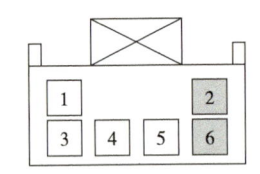

图 5-16　EPS 模块线束连接器端子信息

六、填写工单

电动助力转向系统检修任务工单如表 5-5 所示。

表 5-5　电动助力转向系统检修任务工单

电动助力转向系统检修	工作任务单	班级：
		姓名：

1. 学习任务
一辆吉利 EV450 电动汽车 EPS 电动助力转向系统故障灯常亮，客户开车到店维修。请你在约定时间内对车辆进行诊断与维修，并给车主提出用车建议

任务		自测标准	学习建议
资料准备	防护装备	车内外三件套	工欲善其事，必先利其器。完成学习任务的第一步是熟悉并掌握新能源汽车维护相关的工具设备，做好准备工作
	实训车辆	实训车辆等	
	工具设备	防护工具、绝缘工具等	
	辅助资料	汽车维修手册、教材	

续表

任务	自测标准		学习建议
2. 实施步骤	用诊断仪访问 EPS 控制单元	首先操作启动开关使电源模式至 ON 状态，然后连接故障诊断仪，读取系统故障码，系统无法进入	用万用表测量 EPS 线束连接器 IP35a 的端子 2 和诊断接口线束连接器 IP16 的端子 6 之间的电阻值，如图 5-17 所示。标准电阻小于 1 Ω。经测量为正常。用万用表测量 EPS 线束连接器 IP35a 的端子 6 和诊断接口线束连接器 IP16 的端子 14 之间的电阻值。其标准电阻小于 1 Ω。经测量，为 EPS 控制单元 CAN 线路故障
	检查蓄电池	操作启动开关，使电源模式至 ON 状态，测量蓄电池电压。电压标准值：11~14 V。经检测，蓄电池电压正常	
	检查保险丝 EF16 是否熔断	操作启动开关使电源模式至 OFF 状态	
	检查 EPS 控制单元电源	测量 EPS 助力转向系统线束连接器 IP36 的端子 1 与车身接地之间的电压	
	检查 EPS 控制单元 IG1 电路	操作启动开关使电源模式至 ON 状态	
	检查 EPS 控制单元 CAN 线路	操作启动开关使电源模式至 OFF 状态	

2. 学习笔记

（1）EPS 控制策略及算法。

（2）汽车 ESP 故障分析。

（3）汽车 ESP 故障诊断步骤。

七、任务评价

电动助力转向系统检修任务综合能力评价表如表 5-6 所示。

表 5-6 电动助力转向系统检修任务综合能力评价表

学习任务名称			学习时间			
班级			学习团队			
评价指标		评价情况	否定结果原因	自评	互评	师评
1	学习态度	□优秀 □良好 □一般 □差				
2	知识学习	□优 □良 □中 □差				
3	技能学习	□优 □良 □中 □差				
4	流程编制	□优化 □合理 □一般 □不合理				
5	程序编制	□优化 □合理 □一般 □不合理				
6	完成时间	□提前 □准时 □延后 □未完成				
7	测验质量	□合格 □不良 □返修 □报废				
8	成果展示	□清晰流畅 □需要补充 □不清晰流畅				
9	操作方法	□正确 □部分正确 □不正确				
10	安全规范	□很好 □好 □较好 □不好				
11	7S 管理	□很好 □好 □较好 □不好				
12	分工协作	□很好 □好 □较好 □不好				
13	沟通交流	□很好 □好 □较好 □不好				
14	问题解决	□及时 □较及时 □不及时				
15	创新精神	□优秀 □良好 □一般 □不足				
16	规划掌控	□很好 □好 □较好 □不好				
学习任务完成自评总结（团队）			亮点优点			
			缺点不足			

团队评价	团队自评	□优 □良 □中 □差	团队互评	□优 □良 □中 □差

学生个人评价	姓名	项目															
		1	2	3	4	5	6	7	8	9	10	11	12	13	14	15	16

审定意见	学习组长 年 月 日	指导教师 年 月 日	教研组长 年 月 日

八、拓展学习

(一) 学习感想交流

吉利的第六代 EPS 为 LG-1 齿轮齿条型电动助力转向装置，这项成果在 2007 年底通过了省级科技创新验收，并列入省级技术创新项目。吉利早在 2004 年 6 月就成功研发出国内第一套拥有自主知识产权的 EPS 样品。该项目拥有国家两项发明专利、四项实用专利，填补了国内该领域的空白，并于同年 9 月份实现批量生产。而吉利第六代 EPS 在助力性能、安全、环保等方面有了较大提高，并且稳定性良好。

一位长期关注我国汽车零部件发展的业内人士指出，EPS 是当今世界发展的方向，也是研究热点，宝马 Z4 跑车的转向系统采用的就是 EPS。我国在 EPS 领域长期依赖进口，吉利在这一领域的突破打破了这一局面，吉利的努力值得肯定。

将你的感想分享给老师和同学吧！

(二) 课后作业

(1) 进行下一任务 P-CAN 线路对地短路故障诊断与排除学习信息收集和筛选以及资源的准备。

(2) 进行下一任务 P-CAN 线路对地短路故障诊断与排除学习设备和工具的准备。

项目六　新能源汽车车载网络系统

　　新能源汽车、互联网汽车近几年的增长速度和市场认可度大家有目共睹，这可能也是汽车发展的长期趋势所在。跟传统汽车相比，新能源汽车更加重视互联网和智能化，以带来更加卓越的驾驶操作体验，这是传统汽车所不能企及的。

任务一　P-CAN 线路对地短路故障诊断与排除

【案例引入】

一辆吉利 EV450 电动汽车出现动力系统异常，高压无法上电的故障。请你在约定时间内对车辆进行诊断与维修，并给客户提出用车建议。

【任务目标】

技能目标

1. 正确运用万用表、示波器、诊断仪等常见设备
2. 对线路原理图进行准确识读和分析
3. 对常见充电故障进行诊断与排除
4. 具备学习新标准、新政策的能力

素养目标

1. 能够在工作过程中与小组其他成员合作、交流，形成团队合作意识，锻炼沟通能力
2. 养成 7S 的工作习惯
3. 养成服从管理、规范作业的良好工作习惯
4. 提高与时俱进、不断学习的意识
5. 培养爱国情怀，提升民族自豪感

【任务实施】

一、知识准备

装有车载网络系统的汽车出现故障时，首先应该检测多路信息传输系统的工作状况。

故障诊断检测方法如下：

（一）电源系统故障检测

汽车网络系统正常的工作电压应该保持在 10.5～15.0 V。如果汽车电源系统提供的电压低于该范围，就会造成某些电控设备不能正常工作，从而使整个通信网络中断。对于电源故障，需要检查蓄电池电压、发电机工作情况、保险丝、接插件的连接状况、搭铁处的连接状况等。

(二) 节点故障检测

在检查车载网络传输系统前,首先要检查网络中各节点的工作状况,判断是否存在功能性故障。功能性故障会影响网络中局部系统的工作,若存在功能性故障,应首先排除。对于故障诊断传感器是否有功能性故障,可以通过检测传感器的电压值、电阻值等参数来判断。

(三) 链路故障检测

当车载网络系统的链路(或通信线路)出现故障时,诸如通信线路的短路、断路以及线路物理性质引起的通信信号衰减或失真,都会引起多个控制单元无法工作或控制系统错误动作。为判断是否链路故障,一般采用示波器或汽车专用光纤诊断来观察通信数据信号是否与标准通信数据信号相符。

二、故障诊断前准备

(1) 在进行故障检测前,判断周围环境是否干燥、有无灭火器材等。

(2) 检测前做好安全防护准备工作(例如绝缘手套、护目镜、绝缘鞋等的检查与穿戴)。

(3) 在进行 P-CAN 线路对地短路故障诊断与排除操作时,做好车辆的检查工作。

(4) 使用绝缘电阻测试仪、万用表等,必须提前校正仪器的准确性。

(5) 对检测所获得的数据,必须认真记录、准确计算、仔细分析,保证检测的准确性、快捷性。

三、工具准备

P-CAN 线路对地短路故障诊断与排除工具准备清单如表 6-1 所示。

表 6-1 P-CAN 线路对地短路故障诊断与排除工具准备清单

类型	名称	规格	图示	应用
防护工具	绝缘手套	绝缘		
	护目镜	绝缘		
	安全帽	绝缘		

续表

类型	名称	规格	图示	应用
检测工具	诊断仪	X431		
	万用表	优利德		
	示波器	优利德		
	兆欧表	FLUKE		

四、故障分析

(一) 故障现象

一辆吉利 EV450 的故障表现为仪表动力系统故障指示灯亮起，P 挡闪烁，高压无法上电，换挡器指示灯异常。故障现象如图 6-1 至图 6-2 所示。

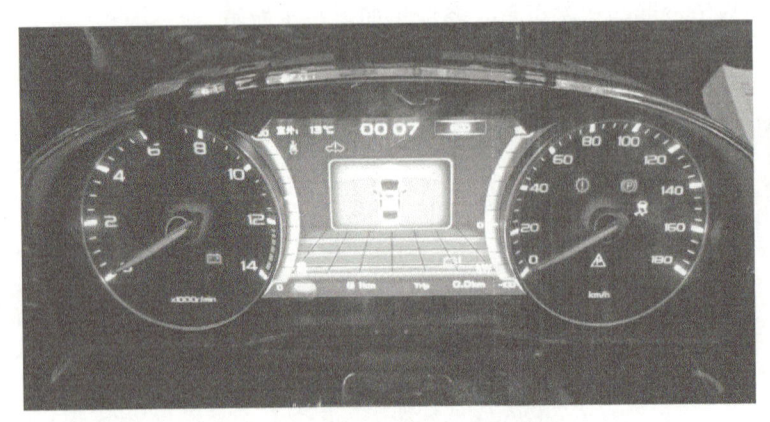

图 6-1 仪表动力系统故障灯亮起　　　　图 6-2 电子换挡器状态

（二）模块通信状态及故障码检查

1. 故障码文字描述

VCU 报 E34A882 电机控制器报文循环计数错误，E34AD82 BMS 报文循环计数错误等关于 P-CAN 线路的模块均有故障码。

2. 故障诊断仪显示

故障诊断仪显示如图 6-3 至图 6-7 所示。

3. 相关数据流文字描述

电机系统故障状态：无误；BMS 系统故障等级：0；车载充电机故障状态：无误。

4. 相关数据流故障诊断仪显示

相关数据流故障诊断仪显示如图 6-7 所示。

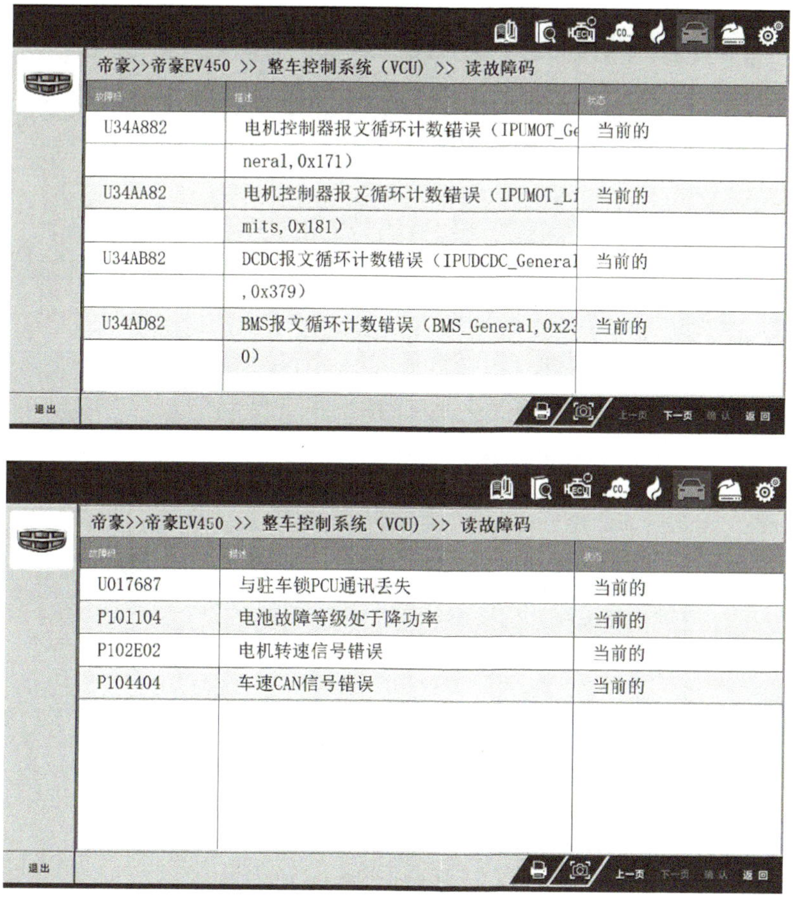
帝豪>>帝豪EV450 >> 整车控制系统（VCU） >> 读故障码

故障码	描述	状态
U34A882	电机控制器报文循环计数错误（IPUMOT_General,0x171）	当前的
U34AA82	电机控制器报文循环计数错误（IPUMOT_Limits,0x181）	当前的
U34AB82	DCDC报文循环计数错误（IPUDCDC_General,0x379）	当前的
U34AD82	BMS报文循环计数错误（BMS_General,0x230）	当前的

帝豪>>帝豪EV450 >> 整车控制系统（VCU） >> 读故障码

故障码	描述	状态
U017687	与驻车锁PCU通讯丢失	当前的
P101104	电池故障等级处于降功率	当前的
P102E02	电机转速信号错误	当前的
P104404	车速CAN信号错误	当前的

图 6-3　整车控制模块相关故障码

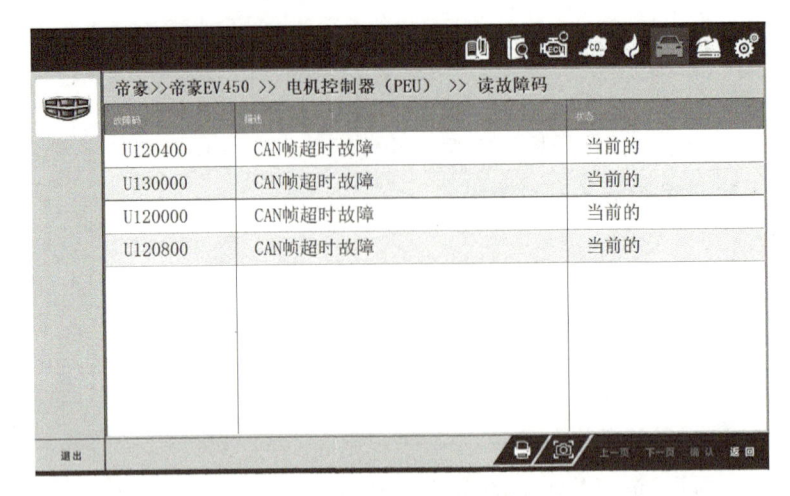

图 6-4　电机控制器模块相关故障码

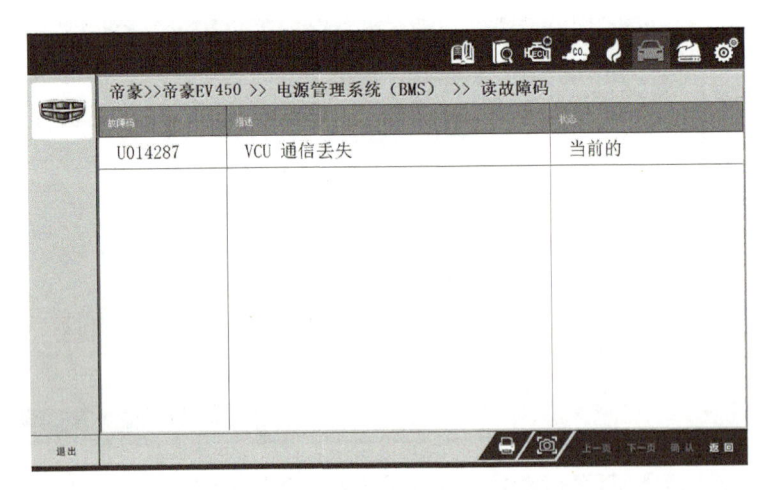

图 6-5　电源管理系统模块相关故障码

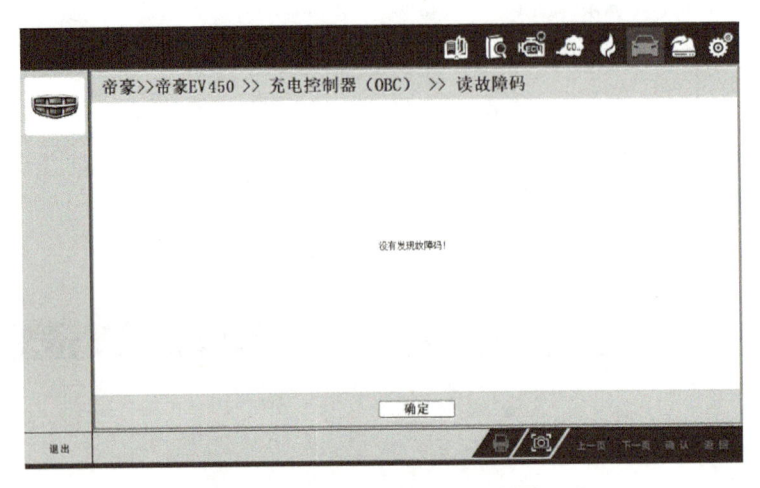

图 6-6　充电控制器模块相关故障码

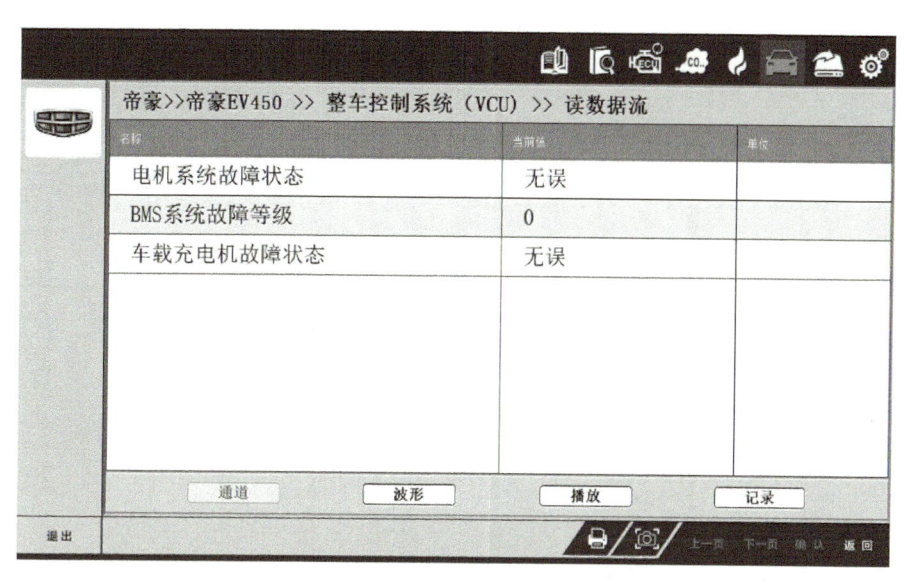

图 6-7　整车控制系统相关数据流

（三）确认故障范围

P-CAN 线路故障。

五、检测步骤

根据故障范围分步骤进行线路流程检测。

（一）检测分析

此故障现象主要由四种线路故障类型导致：断路、对地短路、对电源供电线路短路、线间短路。排除此类故障时，首先从电压值上判断缩小故障范围，再利用 CAN 线波形进行特征验证。

（二）检测电路图

需要检测的电路图如图 6-8 所示。

（三）具体检测过程

故障诊断与排除准备工作完毕之后，整个诊断过程如图 6-9 至图 6-12 所示。

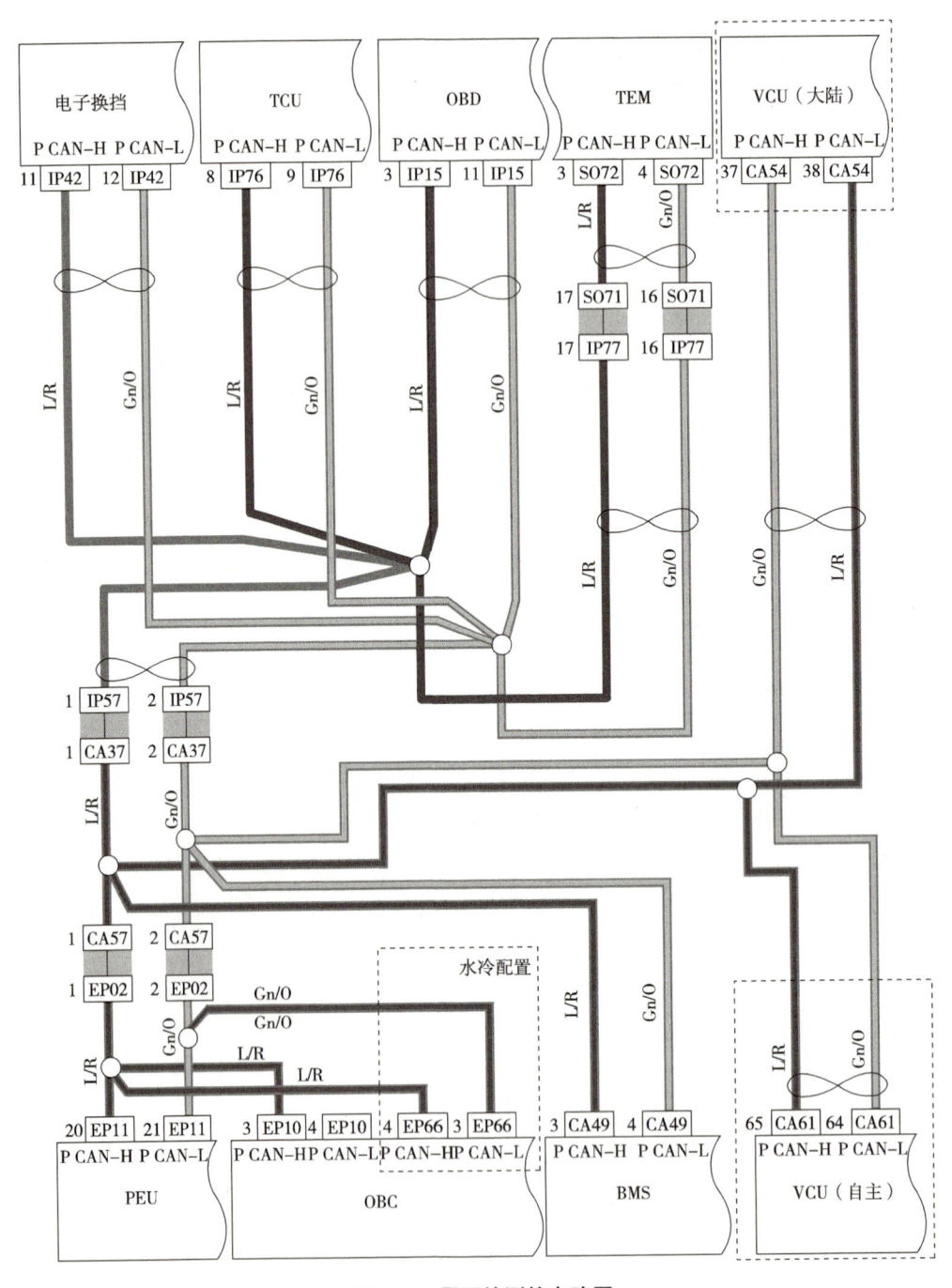

图 6-8 需要检测的电路图

项目六 新能源汽车车载网络系统

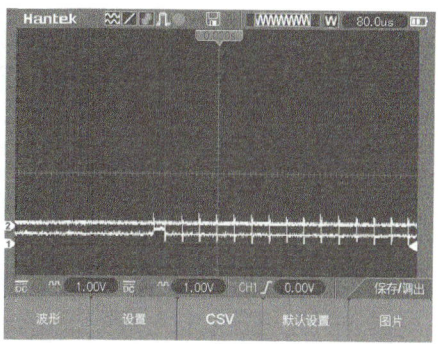

图 6-9 背插测量 IP42/11 线到搭铁间电压值（0 V）

注：右侧为 IP42/11 以及 IP42/12 对地波形（波形异常，呈一条直线）

图 6-10 车辆下电，断开低压电源负极

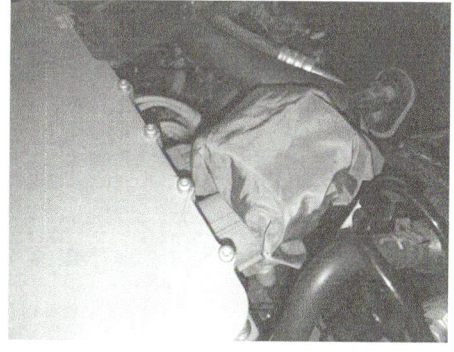

图 6-11 断开高压连接部件，静置 5 min

151

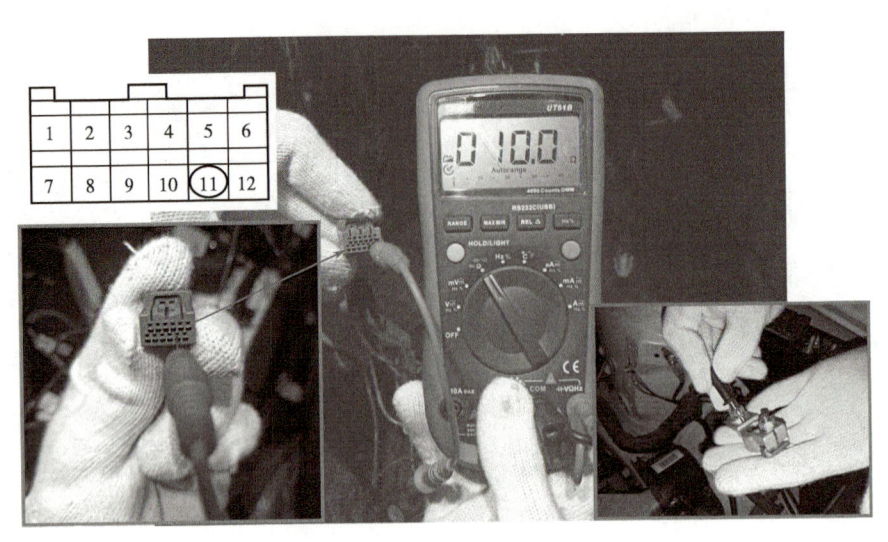

图 6-12 测量 IP42/11 线到负极之间电阻（10 Ω）

六、填写工单

P-CAN 线路对地短路故障诊断与排除任务工单如表 6-2 所示。

表 6-2　P-CAN 线路对地短路故障诊断与排除任务工单

P-CAN 线路对地短路故障诊断与排除	工作任务单	班级： 姓名：	
1. 学习任务 一辆吉利 EV450 电动汽车出现动力系统异常，高压无法上电的故障。请你在约定时间内对车辆进行诊断与维修，并给客户提出用车建议			
任务	自测标准		学习建议
资料准备	防护装备	车内外三件套	工欲善其事，必先利其器。完成学习任务的第一步是熟悉并掌握新能源汽车维护相关的工具设备，做好准备工作
	实训车辆	实训车辆等	
	工具设备	防护工具、绝缘工具等	
	辅助资料	汽车维修手册、教材	
实施步骤	具体检测过程	背插测量 IP42/11 线到搭铁间电压值	出现此故障现象主要有四种线路故障类型导致：断路、对地短路、对电源供电线路短路、线间短路，排除此类故障时首先从电压值上判断缩小故障范围，再利用 CAN 线波形进行特征验证
		车辆下电，断开低压电源负极	
		断开高压连接部件，静置 5 min	
		测量 IP42/11 线到负极之间电阻（10 Ω）	

续表

任务	自测标准	学习建议
2. 学习笔记		
（1）电源系统故障检测的方法。		
（2）节点故障检测的方法。		
（3）链路故障检测的方法。		

七、任务评价

P-CAN 线路对地短路故障诊断与排除任务综合能力评价表如表 6-3 所示。

表 6-3　P-CAN 线路对地短路故障诊断与排除任务综合能力评价表

学习任务名称			学习时间			
班级			学习团队			
	评价指标	评价情况	否定结果原因	自评	互评	师评
1	学习态度	□优秀　□良好　□一般　□差				
2	知识学习	□优　□良　□中　□差				
3	技能学习	□优　□良　□中　□差				
4	流程编制	□优化　□合理　□一般　□不合理				
5	程序编制	□优化　□合理　□一般　□不合理				
6	完成时间	□提前　□准时　□延后　□未完成				
7	测验质量	□合格　□不良　□返修　□报废				
8	成果展示	□清晰流畅　□需要补充　□不清晰流畅				
9	操作方法	□正确　□部分正确　□不正确				
10	安全规范	□很好　□好　□较好　□不好				
11	7S 管理	□很好　□好　□较好　□不好				
12	分工协作	□很好　□好　□较好　□不好				
13	沟通交流	□很好　□好　□较好　□不好				
14	问题解决	□及时　□较及时　□不及时				

续表

	评价指标	评价情况				否定结果原因	自评	互评	师评
15	创新精神	□优秀	□良好	□一般	□不足				
16	规划掌控	□很好	□好	□较好	□不好				
学习任务完成自评总结（团队）						亮点优点			
						缺点不足			
团队评价		团队自评	□优 □良 □中 □差			团队互评	□优 □良 □中 □差		

学生个人评价	姓名	项目														
		1	2	3	4	5	6	7	8	9	10	11	12	13	14	15	16

审定意见	学习组长 年 月 日	指导教师 年 月 日	教研组长 年 月 日

八、拓展学习

（一）学习感想交流

人类通信技术已有多年的发展，无论是汽车产业的车辆连接、安全辅助驾驶还是管家服务，抑或是娱乐信息，乃至所有的高级智能服务，通信都是不可或缺的。从最早的车载电话、车载定位，到互联驾驶，再到无人驾驶、人工智能驾驶，大家可以看到，对通信的需求、对网络的需求、对可靠性的需求都是不断增长的。

车联网的构架一般分为三个方面：第一是智能的通信管道。它是从低带宽到高带宽，全方位三位一体整合的管道。第二是物云融合能力。从终端信息的获取到云计算、大数据处理，只有形成闭环，才能驱动应用端向前推进，形成完美的用户体验。第三是内容和应用能力。人们希望在内容和应用能力方面通过满足用户需求以获得商业价值。

将你的感想分享给老师和同学吧！

（二）课后作业

（1）进行下一任务 P-CAN 线路与电源供电线短路故障诊断与排除学习信息收集和筛选以及资源的准备。

（2）进行下一任务 P-CAN 线路与电源供电线短路故障诊断与排除学习设备和工具的准备。

任务二　P-CAN 线路与电源供电线短路故障诊断与排除

【案例引入】

一辆吉利 EV450 电动汽车仪表动力系统故障指示灯亮起，P 挡闪烁，高压无法上电，换挡器指示灯异常。请你在约定时间内对车辆进行诊断与维修，并给客户提出用车建议。

【任务目标】

技能目标

1. 正确运用万用表、示波器、诊断仪等常见设备
2. 对线路原理图进行准确识读和分析
3. 对常见充电故障进行诊断与排除
4. 具备学习新标准、新政策的能力

素养目标

1. 能够在工作过程中与小组其他成员合作、交流，形成团队合作意识，锻炼沟通能力
2. 养成 7S 的工作习惯
3. 养成服从管理、规范作业的良好工作习惯
4. 提高与时俱进、不断学习的意识
5. 增强诚信意识

【任务实施】

一、知识准备

在电动汽车整车的网络管理中，VCU 是信号控制的中心，负责信号的组织与传输、网络状态的监控与管理，信号优先权的动态分配以及网络故障的诊断与处理等。通过 CAN 总线协调与其他单元以及车身 V-CAN 之间相互通信。

图 6-13 所示为 CAN 数据总线结构图。CAN 数据总线局域网络中各 CAN 芯片、电阻、二极管等元器件以及线路经过精密匹配，因此在信号传输过程中可实现 CAN 总线上显性电平和隐性电平的变化。如果网络中的 CAN 芯片、电阻、二极管等元器件及线路任何一个地方出现故障，将打破线路平衡，导致 CAN 总线上显性电平和隐性电平的

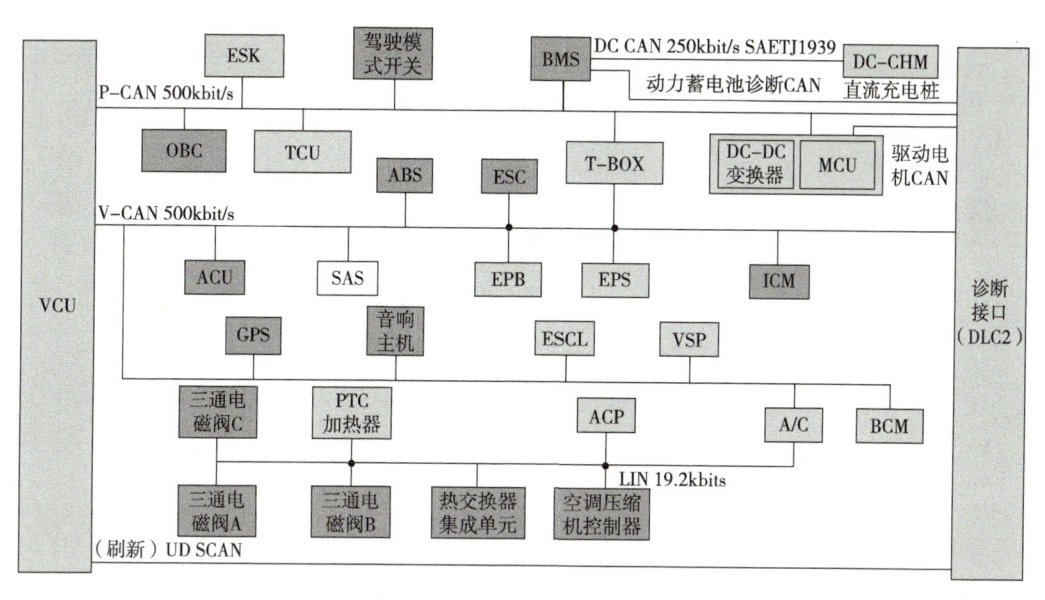

图 6-13 CAN 数据总线结构图

变化，最终使总线信号无法传输。

CAN 数据网由双绞线组成，一个信号线路被识别为 CAN-H，另一个信号线路被识别为 CAN-L。在数据总线的末端，CAN-H 和 CAN-L 线路之间有一个 1 200 Ω 的终端电阻。

在 CAN 总线系统中，有两个数据传输终端（电阻器，也称为终端电阻），作用是防止数据在传输线终端被反射回来并产生反射波，这将影响数据的正常传输。例如，吉利 EV 系列 CAN 的 P-CAN 两个终端电阻分别位于 BMS 和 MCU 中，车身 V-CAN 的两个终端电阻分别位于 ESC 和 BCM 中。发送 CAN 信号时，电流从控制器的发送端流到 CAN-H，经过终端电阻流入 CAN-L 再返回控制器的接收端。如果通信信号丢失，程序将针对各控制单元设置失去通信的故障诊断码。该故障诊断码可被诊断仪器读取。

二、故障诊断前准备

（1）在进行故障检测前，判断周围环境是否干燥、有无灭火器材等。

（2）检测前做好安全防护准备工作（例如绝缘手套、护目镜、绝缘鞋等的检查与穿戴）。

（3）在进行 P-CAN 线路故障的诊断与排除操作时，做好车辆的检查工作。

（4）使用绝缘电阻测试仪、万用表等，必须提前校正仪器的准确性。

（5）对检测所获得的数据，必须认真记录、准确计算、仔细分析，保证检测的准确性、快捷性。

三、工具准备

P-CAN 线路与电源供电线短路故障诊断与排除工具准备清单如表 6-4 所示。

表 6-4 P-CAN 线路与电源供电线短路故障诊断与排除工具准备清单

类型	名称	规格	图示	应用
防护工具	绝缘手套	绝缘		
	护目镜	绝缘		
	安全帽	绝缘		
检测工具	诊断仪	X431		
	万用表	优利德		
	示波器	优利德		
	兆欧表	FLUKE		

四、故障分析

（一）故障现象

一辆吉利 EV450 的故障表现为仪表动力系统故障指示灯。亮起，P 挡闪烁，高压无法上电，换挡器指示灯异常。故障现象如图 6-14 所示。

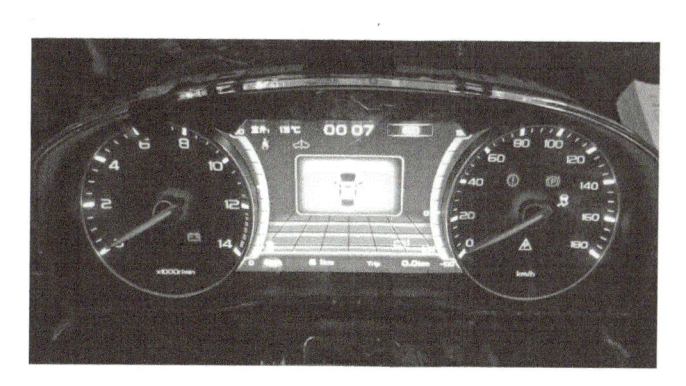

图 6-14 车辆仪表显示

(二) 模块通信状态及故障码检查

1. 故障码文字描述

VCU 报 E34A882 电机控制器报文循环计数错误；E34AD82 BMS 报文循环计数错误等，关于 P-CAN 线路的模块均有故障码。

2. 故障现象显示

故障诊断仪显示如图 6-15 至图 6-18 所示。

图 6-15 整车控制系统故障码

图 6-16 电机控制器相关故障码

图 6-17 电源管理系统相关故障码

图 6-18 充电控制器相关故障码

(三) 相关数据流文字描述

电机系统故障状态：无误；BMS 系统故障等级：0；车载充电机故障状态：无误。

(四) 相关数据流故障诊断仪显示

相关数据流故障诊断仪显示如图 6-19 所示。

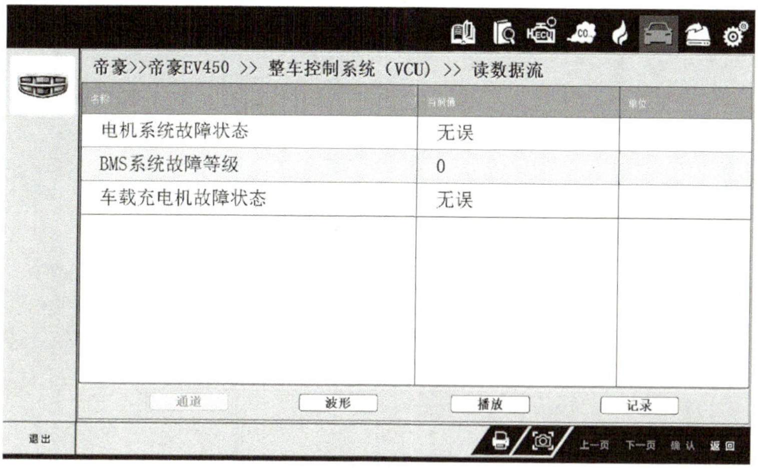

图 6-19　整车控制器相关数据流

(五) 确认故障范围

P-CAN 线路。

五、检测步骤

根据故障范围分步骤进行线路流程检测

(一) 检测分析

出现此故障现象主要由四种线路故障类型导致：断路、对地短路、对电源供电线路短路、线间短路。排除此类故障时，首先从电压值上判断缩小故障范围，并利用 CAN 波形特性进一步确认故障范围。

(二) 检测电路图

需要检测的电路图如图 6-20 所示。

(三) 具体检测过程

故障诊断与排除准备工作完毕之后，整个诊断过程如图 6-21 至图 6-24 所示。

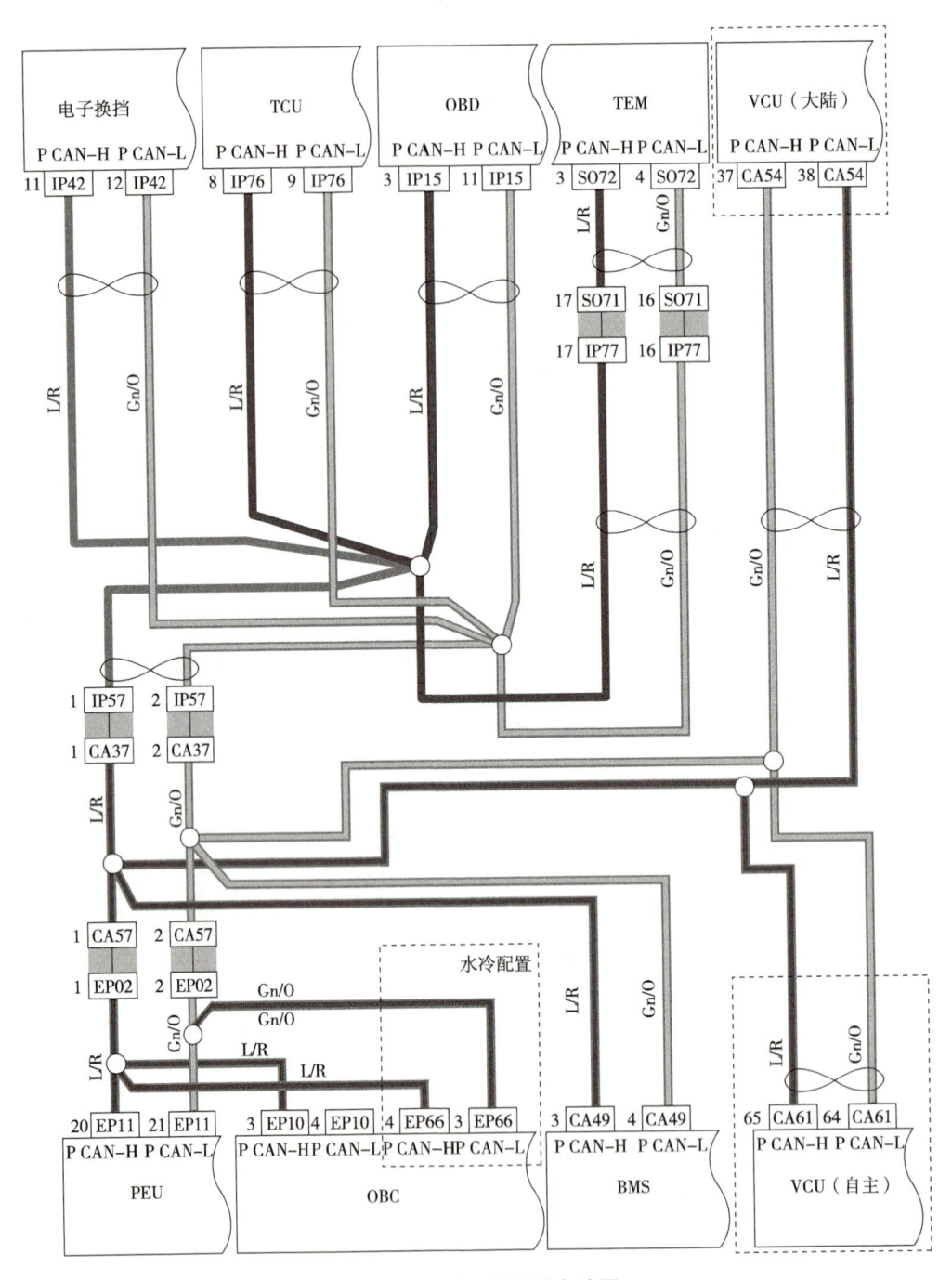

图 6-20　需要检测的电路图

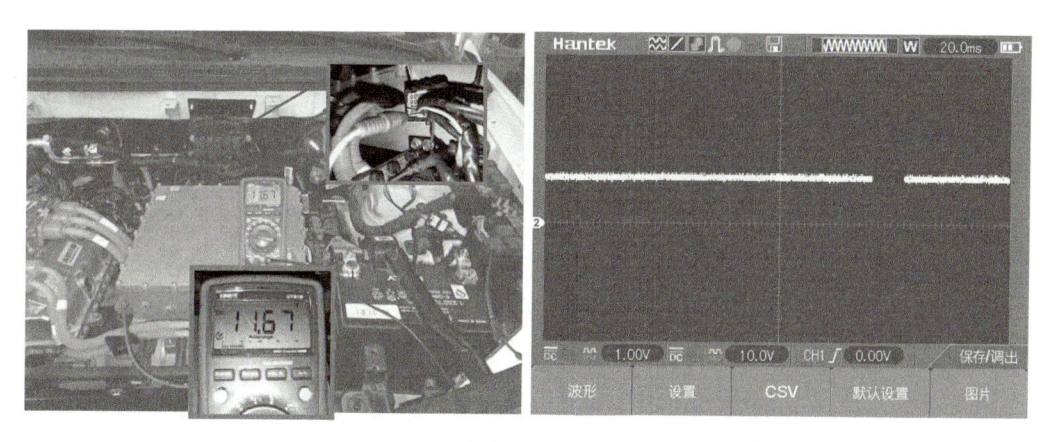

图 6-21 背插 EP66/4 线与搭铁间电压值（右图为 12 V 呈直线波形，波形异常）

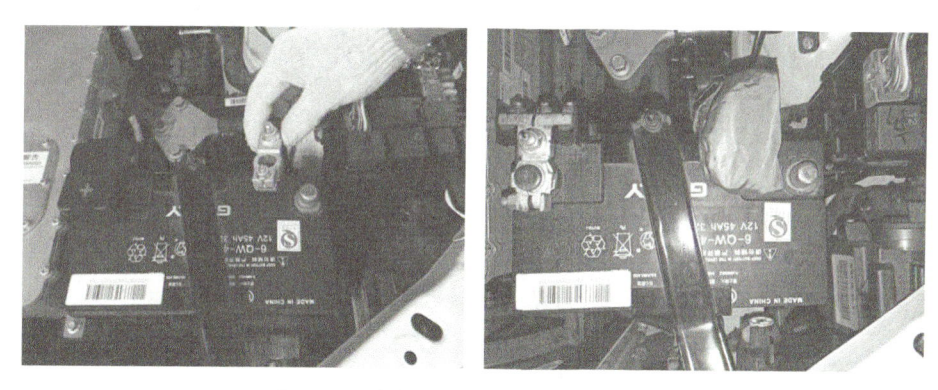

图 6-22 车辆下电，断开低压电源负极

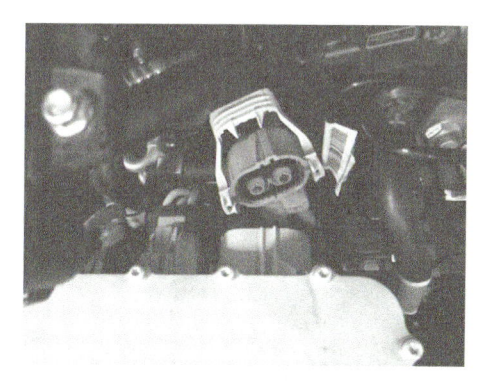

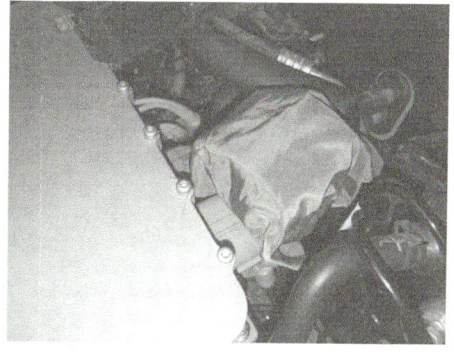

图 6-23 断开高压连接部件，静置 5 min

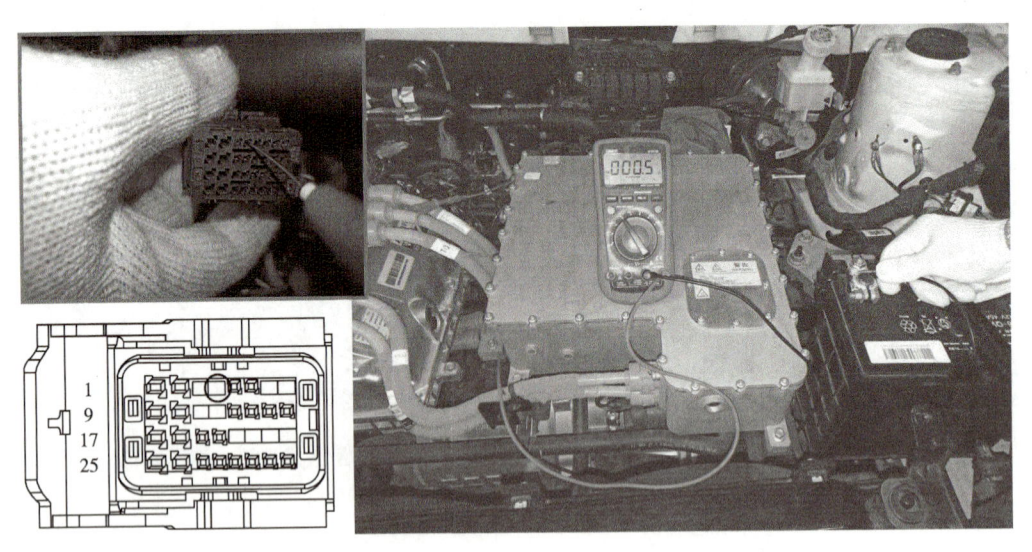

图 6-24　测量 EP66/4 号线与 B+ 间电阻值（0.5 Ω）

六、填写工单

P-CAN 线路与电源供电线短路故障诊断与排除任务工单如表 6-5 所示。

表 6-5　P-CAN 线路与电源供电线短路故障诊断与排除任务工单

P-CAN 线路与电源供电线短路故障诊断与排除	工作任务单	班级：
		姓名：

1. 学习任务
一辆吉利 EV450 电动汽车出现仪表动力系统故障指示灯亮起，P 挡闪烁，高压无法上电，换挡器指示灯异常。请你在约定时间内对车辆进行诊断与维修，并给客户提出用车建议

任务		自测标准	学习建议
资料准备	防护装备	车内外三件套	工欲善其事，必先利其器。完成学习任务的第一步是熟悉并掌握新能源汽车维护相关的工具设备，做好准备工作
	实训车辆	实训车辆等	
	工具设备	防护工具、绝缘工具等	
	辅助资料	汽车维修手册、教材	
实施步骤	具体检测过程	背插 EP66/4 线与搭铁间电压值（右图为 12 V 呈直线波形，波形异常）	出现此故障现象主要由四种线路故障类型导致：断路、对地短路、对电源供电线路短路、线间短路，排除此类故障时首先从电压值上判断缩小故障范围，利用 CAN 波形特性进一步确认故障范围
		车辆下电，断开低压电源负极	
		断开高压连接部件，静置 5 min	
		测量 EP66/4 号线与 B+ 间电阻值（0.5 Ω）	

续表

任务	自测标准	学习建议
2. 学习笔记		
（1）CAN 数据总线结构图。		
（2）CAN 数据网的组成。		

七、任务评价

P-CAN 线路与电源供电线短路故障诊断与排除任务综合能力评价表如表 6-6 所示。

表 6-6　P-CAN 线路与电源供电线短路故障诊断与排除任务综合能力评价表

学习任务名称		学习时间			
班级		学习团队			
	评价指标	评价情况	否定结果原因	自评	互评	师评
1	学习态度	□优秀　□良好　□一般　□差				
2	知识学习	□优　□良　□中　□差				
3	技能学习	□优　□良　□中　□差				
4	流程编制	□优化　□合理　□一般　□不合理				
5	程序编制	□优化　□合理　□一般　□不合理				
6	完成时间	□提前　□准时　□延后　□未完成				
7	测验质量	□合格　□不良　□返修　□报废				
8	成果展示	□清晰流畅　□需要补充　□不清晰流畅				
9	操作方法	□正确　□部分正确　□不正确				
10	安全规范	□很好　□好　□较好　□不好				
11	7S 管理	□很好　□好　□较好　□不好				
12	分工协作	□很好　□好　□较好　□不好				
13	沟通交流	□很好　□好　□较好　□不好				
14	问题解决	□及时　□较及时　□不及时				
15	创新精神	□优秀　□良好　□一般　□不足				
16	规划掌控	□很好　□好　□较好　□不好				

续表

学习任务完成自评总结（团队）									亮点优点						
									缺点不足						

团队评价	团队自评	□优 □良 □中 □差						团队互评	□优 □良 □中 □差						

学生个人评价	姓名	项目													
		1	2	3	4	5	6	7	8	9	10	11	12	13	14	15	16

审定意见	学习组长	指导教师	教研组长
	年 月 日	年 月 日	年 月 日

八、拓展学习

（一）学习感想交流

据中国汽车工业协会统计，2022年第一季度，我国新能源汽车产量为129.3万辆，销量为125.7万辆，市场占有率达19.3%。据智慧芽数据显示，截至2021年7月，中国新能源汽车专利申请数量占全球新能源汽车专利总申请量的66.8%，中国成为全球新能源汽车第一大技术来源国。

中国汽车工程学会将"智能网联汽车"定义为：搭载先进的车载传感器、控制器、执行器等装置，并融合现代通信与网络技术，实现车与X（车、路、人、云等）智能信息交换、共享，具备复杂环境感知、智能决策、协同控制等功能，可实现"安全、高效、舒适、节能"行驶的新一代汽车。

将你的感想分享给老师和同学吧！

（二）课后作业

（1）进行新能源汽车电气系统构造与检修综合复习。

（2）进行新能源汽车电气系统构造与检修实操项目的训练及拓展，举一反三，提升技能。

参考文献

［1］赵振宁，李东兵．新能源汽车电气系统原理与检修［M］．北京：北京理工大学出版社，2019．

［2］赵彦文，魏小冈，段慧龙．新能源汽车电气系统及检修［M］．哈尔滨：哈尔滨工程大学出版社，2023．

［3］邱翠榕，李敬军，郑红．新能源汽车电气系统检修［M］．北京：航空工业出版社，2022．

［4］吴书龙，何宇漾．新能源汽车电气技术［M］．北京：机械工业出版社，2018．

［5］谭婷，董隆，吴春燕．新能源汽车电气技术［M］．上海：同济大学出版社，2020．